하루만에 완성하는
마녀놀이
별자리 카드

당그래

마녀놀이 별자리 카드
초판 1쇄 발행일 2011년 1월 15일

지은이 | 마자아줌마
펴낸이 | 이 춘 호

본문편집인 | 이지현
아트디자인 | 최주영
펴낸곳 | **당그래출판사**
출판등록일(번호) | 1989년 7월 7일(제301-2005-219호)
주소 | 100-250 서울시 중구 예장동 1-72
전화 | (02) 2272-6603
팩스 | (02) 2272-6604
homepage | www.dangre.co.kr
e-mail | dangre@dangre.co.kr

ⓒ 마자아줌마

비평이나 서평의 짧은 인용문으로 사용할 목적이 아니고서는, 이 책의 어느 부분도
이 책 발행인의 서면 동의 없이 어떤 수단으로도 복제하거나 유포할 수 없습니다.

마녀놀이 별자리 카드

마자아줌마 지음

이 글을 시작하기 전에…

　나는 [1]커플매니저가 되고 싶었다. 그래서 사주(四柱)를 공부했다. 다른 커플매니저와는 차별된 능력을 가지기 위해서….

　그렇게 역학(易學)에 입문을 하였다. 사주공부는 너무 재미있었지만 논리의 영역은 항상 목말랐다. 어쩌면 나는 사주에 대한 믿음의 증거를 찾고 있었는지도 모르겠다. 나의 명리 선생께서는 글문도사가 들어와야 사주를 득(得)한다 하셨고, 나의 기문둔갑 선생은 무속인이셨으며, 나의 육임선생은 불교신자이시며 육임 책에 나오는 구천현녀님을 믿으셨기 때문에 나의 논리는 항상 혼란스러웠다. 모든 역(易)의 학문은 인간에 의해 만들어진 것이 아니라 신(神)이 내려 준 상징을 연구하여 만들어졌기에 역을 완전히 득하면 신통력이 생길까봐 겁이 날 지경이었다. 그렇게 사주카페를 내고 몇 년을 운영하던 중 타로를 배우러 온 두 선생을 만나게 된다. 그리고 드디어 점성학에 관해 알게 되는데….

　잠시 만난 인연이지만 그 두 분을 통해 난 점(占)에 관한 것을 논리적으로 정립하게 되었다. 여기서 '점'은 동서양을 합쳐 현재와 미래를 알기위해 사용되는 모든 방법을 말한다.

　결국, '점'이란 [2]동시성(Synchronicity)을 이용하여 현재에서 미래에 일어

---

1) 커플매니저: 옛 중매 문화를 현대화한 직업이다. 회원 정보를 컴퓨터로 분석해 어울릴 것 같은 배우자 후보와의 만남을 주선하고 조언한다.

2) 동시성(Synchronicity): 지금 이 시간에 태어나는 모든 것은 이 시간의 성질을 함유하게 된다는 의미이다.

날 일의 길흉을 보는 방법을 말한다. '동시성'은 사실 우리가 인식할 수 없어서 그렇지 항상 일어나고 있다. 지금 이 순간에도…. 다만 결코 모른다고 알고 있을 뿐.

지난 7년 간 가게 이름도 세 번이나 바뀌었다.
상담을 하는 동안 이런 질문을 많이 받았다.
사주가 더 잘 맞죠?
타로나 별자리는 재미로 보는 거죠?
타로가 더 잘 맞는 것 같나요?

일반적으로 사람들은 별자리나 타로는 서양에서 들어온 학문이라 동양의 역학과 전혀 다른 내용이 나올 것으로 알고 있다. 그래서 어떤 이는 사주가 나쁘다고 일부러 서양 점을 치기 위해 오는 사람도 더러 있었다.

자꾸 '마자'가 오라클 카드 이야기는 하지 않고 다른 이야기만 해서 답답할 것이다. 하지만 처음 점을 배우는 사람일수록 명확하게 개념을 알고 가야한다. 그렇게 하지 않고 카드점을 보면 기가 빠진다는 둥, 빙의가 된다는 둥 그런 망상에 빠질 수도 있기 때문이다.

자! 그럼 여러분은 어떻게 생각하는가?
서양점과 동양역학이 어떻게 다르다고 생각하는가?
스스로에게 자문해보고 결론을 한 번쯤 써 보는 것을 권하고 싶다. 인간의 의식은 수시로 바뀌기에 시간이 지나 자신이 어떤 관점으로 지금까지 살아왔는지 쉽게 부인하고 부정할 수 있으므로 초심을 기억하고 싶을 때 도움이 될 수 있기 때문이다.

그럼, 필자의 결론을 말하겠다. '동양이나 서양이나 점은 똑 같다.'

고대에서부터 사람은 하늘에서 뜻을 찾으려 했고, 그 뜻은 자연에서 드러났으며 자연은 인간에게 가르침을 주었다. 그들은 모든 자연의 변화를 두려워하고 신성시하여 오랜 시간에 걸쳐 입증된 자료들은 구전이나 기록으로 전승되어 왔으며, 그러한 정보를 독점한 자들은 최고 권력의 자리를 얻게 되었다. 그렇게 시간이 지나며 정보들은 점점 더 감추어지고 은폐되며 일부의 권력층에서만 연구되었다. 그러다 결국 그것은 사람을 다스리고 전쟁이나 힘을 얻기 위한 것에 사용되어졌다.

그리고 마침내 시대가 바뀌어 현재는 드디어 어퀘리어스 시대로 접어 들었다. 동양에서는 양의 시대에서 음의 시대로 접어 들었다한다. 결론인즉 인간은 동양이든 서양이든 같은 하늘아래 살고 있기 때문에 같은 하늘을 보고 연구한 것은 결국 같은 결과를 얻게 된다. 그래서 모든 결론은 같을 수밖에 없는 것이다. 물론 위도에 따라, 기후나 온도 또 땅의 척박함으로 인해 환경적인 변화는 있지만 인간 삶의 큰 규칙은 변할 수 없다. 그것은 세상의 이치인 것이다. 이제 세상의 이치는 하나라는 관점으로 다시 점을 바라보라!

당신의 하늘은 또 다른 사람의 하늘이 아닐까? 하늘은 같지만 세상 누구도 같은 하늘이라고 느끼지 않는다. 그 느낌은 개인의 상대적 느낌이기 때문이다. 그 상대성은 어디서 오는 걸까?

역학자들이 자주 쓰는 표현이 있다.

'사주(四柱)보다는 관상(觀相)이고 관상보다는 심상(心相)이다.'

앞서 이야기한 모든 것 **동시성(Synchronicity)**과 **점(占)**은 하늘과 자연을 바라보고 그 속에 사는 인간도 같은 존재임을 증명한 다양한 규칙이라는 사실을 반듯이 알아야 할 것이다.

지금 우리는 다양한 점(占) 중에 한 가지를 배우려한다.
우리나라에서 서쪽에 있는 사람들이 바라보고 연구한 하늘의 규칙성을 배워서 자신의 본성을 객관적으로 한번 바라보자는 뜻이다. 누군가 '왜 그래야 합니까?' 라고 묻는다면 이렇게 대답하고 싶다. "너는 너 자신을 몰라도 될 만큼 세상살이가 쉬운가? 만일 자신이 왜 이렇게 사는지 궁금하다면 너를 알아야 할 것이다. 하지만 신기하게도 나만 보면 세상이 안 보인단 말이지, 그런데 타인들을 바라보니 객관적인 내가 보인다는 사실은 사람은 혼자 살 수 없는 인간(人間)이기 때문이지."

어퀘리어스 ♒ 의 상징은 물결, 즉 물병 속에 들어 있는 물이 움직이는 모양이다.
대략 2100년 주기로 황도와 적도가 만나는 지점인 춘분점이 별자리를 하나씩 관통하고 있다. 지난 2000년은 파이시즈 ♓ 즉 환상과 신비주의가 대세를 이루는 시대가 지나가고 지금은 바야흐로 지식과 정보 교류로 대변되어지는 어퀘리어스 ♒ 시대가 겹쳐지고 있다. 우리 청소년들이 보는 교과서는 언제부터인가 '지식과 정보의 시대에 발맞추어…' 라는 문구가 들어가 있으며 우리나라는 최고의 인터넷 강국이 되었다. 이렇듯 이제 서양과 동양의 경계는 없다. 그리고 국가 간의 벽도 허물어지고 있으며 수직적인 사고관이 아닌 수평적 사고관의 시대가 다가오는 것이다. 지식과 정보는 신비함을 과학으로 풀어내고 있으며 풀리지 않는 비밀은 모두 우리 주변을 감싸는 자연에 있음을 알아야한다.

이 책을 읽는 독자들이여! 당신들 또한 우연이 아닌 운명적으로 우리는 이렇게 만나는 것을 인식해야 할 것이며 이 내용을 보고 점(占)의 인식을 달리하게 된다면 당신은 점이 주는 알 수 없는 공포감에서 해방될 것이다. 부디 독자들은 나와 같은 전철을 밟지 않기를 바라며 세상의 이치는 물이 아래로 떨어지는 것임을 알고 겸허히 받아들일 것은 받아들이고 바뀌어야 할 것은 과감하게 버릴 수 있는 하나의 튼튼한 소나무로 자랄 수 있기를 기대하며 수업에 들어가도록 하겠다.

이 글을 시작하기 전에… • 4

1장/ 크게 바라보기, 전체 개념 이해하기 • 11

별자리(Astrology) 쉽게 알기 • 12

자신의 별자리(Astrology)성향 알기 • 15
Self-Knowledge
자신이 살고 싶은 마을이나 집의 모습은 어떨까?

점성술의 분류 • 17

용어정리 • 19

2장/ 작게 바라보기, 카드 원리와 응용 • 21

7행성과 12싸인의 정의 • 24

7행성의 상징과 의미 • 26

12싸인의 상징과 의미 • 31

Ruler의 정의 • 38

4원소와 12가지 싸인 • 40

마녀놀이 카드에 사용된 행성의 색상 • 41

하우스에서 핵심어 찾기 • 41

하우스 위의 12 싸인과 행성의 힘(길 or 흉) • 42

마녀놀이 별자리 카드를 대하는 마음 • 43

마녀놀이 별자리 카드 사용법 • 44

초급편
One card • 44

Three cards • 49

응용편
1. 신수(身數)편 • 52
2. 전체운 • 55
3. 애정운(궁합) • 56

3장 / 하나하나 바라보기, 84장 카드의 의미 • 59

☉ Sun • 61

☽ Moon • 75

☿ Mercury • 89

♀ Venus • 103

♂ Mars • 117

♃ Jupiter • 131

♄ Saturn • 145

후기 • 158

마녀놀이 별자리 카드

제1장
크게 바라보기, 전체 개념 이해하기

별자리(Astrology) 쉽게 알기

 일반적으로 알고 있는 자신의 별자리는 태어난 달을 중심으로 간단히 알 수 있었다. 그렇다면 이 지구상의 60억 인구는 12개의 별자리로만 모두 나눌 수 있는 것일까? 과연 그럴까? 답은 '틀림'이다. 이제부터 하나씩 기본 상식을 알아보도록 하자.

 별자리의 기원은 인류의 시작과 같이 하겠지만 약 5천 년 전 쯤 메소포타미아 지방, 그러니까 지금의 이라크로 셈족의 한 지류인 칼데아 사람들이 기록한 문헌이 가장 최고로 남겨져있다. 그들은 양을 치며 유목생활을 했기 때문에, 언제 어디로 이동해야 하는지 시간의 개념을 아는 것이 중요했다. 그들은 낮에는 태양의 움직임으로 방향과 시간을 짐작하였고, 밤에는 하늘의 별들에게 이름 붙인 별무리로 계절의 흐름을 알 수 있었다.

 칼데아 인들은 태양이 가는 길, 즉 황도(黃道)를 12번의 별무리가 지나면 다시 같은 별무리가 돌아온다는 것을 알게 되었고, 별무리 하나가 지나가는데 30일 정도가 소요된다는 사실도 알게 되었다. 물론 밤하늘에는 남쪽 하늘에 떠있는 별자리와 합쳐 무려 88개의 별자리가 있지만 기본적으로 북반구를 기준하여 황도(黃道)대를 지나가는 12개의 별자리를 중심으로 한다.

 고대에는 눈에 보이는 것이 전부였다. 그래서 과학이 발달하기 전까지는 천동설의 입장에서 지구를 중심으로 일정하게 순행하는 7개의 행성을 발견하게 되는데 바로 그것이 태양, 수성, 달, 금성, 화성, 목성, 토성이다.

그 행성들이 12개의 별자리에 속할 때 어떤 성격의 아이가 태어나는지, 어떤 일들이 발생하는 지, 천문현상과 지상에서의 현상을 결합하여 기록으로 전해졌다. 이 기록들은 칼데아의 지배계급에서부터 이집트, 그리스 그리고 B.C. 2세기경에는 로마제국에 전해져 황제들의 왕권을 유지하는데 영향을 끼치기도 했다.

그 후 유럽에 암흑의 시대가 오자 점성학은 아랍세계에서 성장하게 되고, 르네상스를 맞으며 다시 아랍에서 유럽으로 전해진 점성학은 16세기에 이르러 황금기를 맞이한다. 이때 영국의 위대한 점성가인 윌리엄 릴리가 나타나 국왕의 조언자로 일하기도 했었다.

근대의 점성학은 예언적인 기능보다는 인간의 심리적인 성향을 중심으로한 심리점성학이 발전하였다. 심리점성학은 분석심리학의 대가인 칼 구스타프 융의 영향으로 한층 더 성장하였고 동시성이론을 통하여 대중들에게 더욱 쉽게 다가갈 수 있는 토대를 마련하게 된다. 현대에는 다양한 점성술과 타로, 또 잡지에 실리는 인스턴트 점성술 등 모든 것이 혼재되어 성장하고 사라지고 파헤쳐지며 더욱 성스러워지기도 한다.

중요한 것은 시간의 흐름 속에 변화되어 지금 이 순간 어떤 모습으로 내 앞에 서 있는가이다. 이렇게 오랜 시간 전해진 별자리의 일부를 우리는 카드를 통해 새롭게 재구성하여 자신의 성장을 위한 도구로 사용하게 될 것이다.

자신의 별자리(Astrology)성향 알기

　자신이 태어났을 때 하늘의 별자리에 있는 7개 행성(태양, 달, 수성, 금성, 화성, 목성, 토성)의 위치에 따라 자신의 성향이 결정되어진다. 이것을 출생 챠트(Natal chart)라 하는데 대부분 자신의 별자리로 알고 있는 것은 자신의 태양 즉, Sun이 위치한 별자리를 알고 있다고 생각하면 된다. 이것을 Sun sign이라 부른다.

　Sun Sign은 이상과 성취욕을 나타낸다. 그리고 또 하나의 중요한 행성은 달(Moon)이다. Moon sign은 자신의 무의식과 본능을 나타낸다. 이것은 인간의 겉모습과 내면, 혹은 지킬박사와 하이드라고 생각하면 쉬울까? 사실 우리가 알아야할 중요한 포인트는 자신의 부정적인 측면을 버리고 긍정적인 자신의 모습을 찾아가는 것이 아니라, 긍정과 부정이 혼합된 자신의 모습을 있는 그대로 받아들이고 인정하는 과정을 통해 결국 그냥 나라는 존재를 겸허히 받아들이고 삶을 좀 더 성숙시키는 관점을 가진다는 데 목적이 있다. 이제 우리는 내면의 무의식과 본능적인 자신을 알기 위해 Moon sign을 찾아야한다.

Self-Knowledge
자신이 살고 싶은 마을이나 집의 모습은 어떨까?

1. 산골 오지, 휴양지, 외국, 첨단 아파트, 어떤 곳이라도 기간에 구애 받지 않고 다양한 곳에서 살고 싶다.
2. 물질적으로 풍요롭고 부유한 환경의 집이나 마을.
3. 살기 편하고 유비쿼터스 시설이 잘 갖추어진 집.
   (유비쿼터스란 사용자가 네트워크나 컴퓨터를 의식하지 않고 장소에 상관 없이 자유롭게 네트워크에 접속할 수 있는 정보통신 환경을 뜻한다.)
4. 가족들이 모두 편안하게 살 수 있는 적당한 크기의 아파트.
5. 자신이 신처럼 마음대로 원하는 것을 다 소유하고 가질 수 있는 마을.
6. 학교, 병원, 마트, 공원 등 인프라가 잘 구축되어 있는 잘 정비되어진 살기 좋은 도시.
7. 자신의 수준과 비슷한 좋은 이웃이 많은 마을.
8. 자신이 하는 일에 제약을 받지 않는 환경, 예를 들어 드럼을 친다면 마음껏 칠 수 있는… 가수라면 맘껏 어디서라도 노래 할 수 있는 집.
9. 자연친화적인 집이나 마을, 맨발로 다녀도 되고 자유롭게 살 수 있는, 하와이, 타이티, 몰디브 같은, 이국적이고 쉴 수 있는 곳.
10. 자신이 관리 하는 건물, 자신이 지배 할 수 있는 집, 마을.

11. 자신과 비슷한 부류의 사람들이 사는 마을, 독립적 사생활이 보장되는 각자의 스타일로 어울려 살아가는 마을.
12. 스머프 마을, 물론 남자와 여자 스머프의 비율이 비슷한 정상적인 마을. 각자 하고 싶은 것을 하며 자연친화적으로 즐겁게 어울리며 살아가는 마을.

마녀놀이 Note

☞ 자신의 현재 무의식 상태를 알아보는 질문으로써 뒤쪽의 문싸인 편에서 자신의 싸인을 찾아 읽으면 된다. (75쪽) 전체적인 내용을 파악하고 자신이 고민하는 하우스의 번호를 찾아 읽어 보자.

이것은 자신이 자각하지 못한 무의식을 알아보고자 만들어본 질문이다. 이 내용이 옳거나 틀린 것을 떠나서 지금 현재 당신의 상태가 Moon의 어떤 싸인인지 가늠할 수 있는 자료가 될 것이다. 당신의 썬 싸인은 태어난 날짜를 기준으로 해서 알면 될 것이다. 다른 자세한 내용은 출생챠트를 알아보는 프로그램을 이용하여 자신의 7개 행성과 그에 따른 싸인을 알 수 있다. 하지만 별자리 카드 사용방법을 알기위해서는 출생챠트를 알아야할 필요가 없다. 단지 별자리의 기호와 하우스의 상관관계를 익히고 동시성을 이해할 수 있다면 누구나 쉽게 카드사용법을 배울 수 있다.

당신의 Moon sign 어떤 유형일까요?

☞ 1. ♈ -양자리-에리즈(aris)
   2. ♉ -황소자리-토러스(Taurus)
   3. ♊ -쌍둥이자리-제머나이(Gemini)
   4. ♋ -게자리-켄서(Cancer)
   5. ♌ -사자자리-리오(Leo)
   6. ♍ -처녀자리-버고(Virgo)
   7. ♎ -천칭자리-리브라(Libra)
   8. ♏ -전갈자리-스콜피오(Scorpio)
   9. ♐ -사수자리-세저테리어스(Sagittarius)
  10. ♑ -염소자리-캐프리컨(Capricorn)
  11. ♒ -물병자리-어퀘리어스(Aquarius)
  12. ♓ -물고기자리-파이시즈(Pisces)

점성술의 분류

정통점성술

- 네이티비티(Nativity) : 출생일시를 가지고 전체 인생의 흐름을 알 수 있다.
- 오라리(Horary astrology) : 특성한 사선의 실흉을 판단한다.
- 일렉션(Election astrology) : [3)]택일

---

3) 큰일을 치르거나 여행을 떠날 때 그 좋은 날짜를 고르는 일. 택길(擇吉)이라고도 한다.

- 메디컬(Medical astrology) : 건강에 관련된 점성학
- 먼데인(Mundane astrology) : 국가, 정치, 종교 등 큰일을 점치는 것
- 웨더 (Weather astrology) : 날씨

차이점 : ☉ ☽ ☿ ♀ ♂ ♃ ♄ 의 7행성 중심으로 운명을 읽는다.

현대점성학

- 썬싸인 점성학(Sun sign astrology)
- 심리점성학(Psychic astrology)

차이점 : ☉ ☽ ☿ ♀ ♂ ♃ ♄ 의 7행성과 ♆ ♅ ♇ 외행성을 사용하여 심리 상태를 서술한다.

그리고 당신이 지금 공부하는 것은 정통 점성술 중에 호라리(Horary astrology)를 이용한 썬 오라클 카드 사용법을 배우고 있다. 대체 자신이 어떤 것을 배우는지 알아야 하지 않을까?

용어정리

☉-썬, ☽-문, ☿-수성, ♀-금성, ♂-화성, ♃-목성, ♄-토성의 7행성을 사용하여 정통점성술 기법으로 카드를 만들었다. 국제적으로 통용되는 용어를 채택하여 좀 더 사용하기 편한 영어식으로 표기하는 것을 원칙으로 할 것이다. 그래서 이들은 다시 ☉-태양-Sun, ☽-달-Moon, ☿-수성-Mercury, ♀-금성-Venus, ♂-화성-Mars, ♃-목성-Jupiter, ♄-토성-Saturn으로 쓰일 것이다.

7행성(Planet)의 기호 정리

행성	상징	Planet의 영어식 표기
태양	☉	Sun 선
달	☽	Moon 문
수성	☿	Mercury 머큐리
금성	♀	Venus 비너스
화성	♂	Mars 마르스
목성	♃	Jupiter 주피터
토성	♄	Saturn 세턴

마녀놀이 Note

12싸인이란 12개의 별자리를 뜻한다.

♈-양자리-에리즈(Aris), ♉ -황소자리-토로스(Taurus), ♊-쌍둥이자리-제머나이(Gemini), ♋ -게자리-켄서(Cancer), ♌ -사자자리-리오(Leo), ♍-처녀자리-버고(Virgo), ♎ -천칭자리-리브라(Libra), ♏-전갈자리-스콜피오(Scorpio), ♐ -사수자리-세저테리어스(Sagittarius), ♑ -염소자리-캐프리컨(Capricorn), ♒ -물병자리-어쿼리어스(Aquarius)♓ -물고기자리-파이시즈(Pisces)라고 쓰인다. 다른 점성술 책을 보면 용어마다 필자의 견해가 들어가서 각기 다른 표기를 하지만 가장 평이하고 많이 쓰는 용어들로 정리하였다.

12 별자리(Signs)의 기호 정리

별자리	상징	Sign의 영어식 표기
양자리	♈	Aris 에리즈
황소자리	♉	Taurus 토러스
쌍둥이자리	♊	Gemini 제머나이
게자리	♋	Cancer 켄서
사자자리	♌	Leo 리오
처녀자리	♍	Virgo 버고
천칭자리	♎	Libra 리브라
전갈자리	♏	Scorpio 스콜피오
사수자리	♐	Sagittarrius 세져테리어스
염소자리	♑	Capricorn 캐프리컨
물병자리	♒	Aquarius 어퀘이러스
물고기자리	♓	Pisces 파이시즈

최소한의 상징을 암기하자.

이 책에서는 상징과 영어식 발음을 기준으로 표기한다.

이 책뿐만 아니라 별자리에 관심 있는 사람들이 다른 책을 쉽게 볼 수 있도록 하기 위해 많이 활용되는 표기법을 선택하였다.

마녀놀이 별자리 카드 공부하기

　마녀놀이 별자리 카드는 7 행성(Planets)과 12 싸인(Signs)이 들어가 있는 84장의 카드와 책 그리고 천궁도가 그려진 스프레드 판이 주어진다(전문가용 고급 스프레드판은 출판사에서 별도 판매).
　이 도구들을 이용하여 우리가 가지고 있는 12가지 영역의 문제들에 관한 답을 내면에서 직관적으로 구할 수 있을 것이다.
　사람들은 흔히 직관이라는 표현을 많이 한다. 직관력이 무엇일까?
　사전적인 의미로 직관력(直觀力)이란 판단이나 추리 따위의 사유 작용을 거치지 않고 대상을 직접적으로 파악할 수 있는 능력을 말한다. 결국, 직관력이란 무의식이 의식에게 해주는 귓속말과 같은 것이다.
　우리는 삶의 문제를 풀기위해 카드를 이용하여 자신의 내면을 직접적이고도 객관적으로 바라보는 방법을 익혀야 할 것이다. 서문에서 이야기한 칼 구스타프 융의 동시성은 카드점이 맞을 수밖에 없는 이유를 알려 준다. "지금 이 시간에 태어나는 모든 것은 이 시간의 성질을 함유하게 된다."
　당신은 아무것도 몰라도 상관없다. 이 책은 점성학에 관해 전혀 모르는 사람들을 위해 준비되어진 책이다. 단지 바라는 것이 있다면 한 가지 마음의 준비를 해주기를 원한다. 그것은 질문을 할 때는 진정으로 하늘의 뜻에 맡긴다는 심정으로 부정하지 않고 받아들인다는 믿음으로 해야 한다는 것이다. 그런 믿음 없이 당신의 기대와 다른 답이 나왔을 때 부정해버린다면, 모든 것은 단지 재미에 불과하기 때문이다. 단지 재미로 보고 싶다면 당신에게 알려주고 싶은 것이 있다. "There is no accident" 세상에 우연이란 없다는 것~!
　자! 이제부터 마자샘의 설명을 듣고 잘 따라와 줄 것을 명령한다.

마녀놀이 별자리 카드는 7개의 행성이 12가지 싸인과 조합해서 만들어진 84장으로 구성되어져 있다. 먼저 당신은 결정해야 한다. 카드를 [4]리딩할 때마다 책을 볼 것이냐 아니면 카드만 보고 리딩할 것이냐 하는 것이다. 만약 책을 보며 리딩을 하기를 원한다면 다음에 나오는 기본 상식은 익히도록 하자.

바탕무늬 Earth : 노란색, 결과를 구체적으로 만들어 내는 능력

행성 Jupiter : 나는 끌린다.

싸인 Virgo : 계획성 있는 사고

♍의 ruler임 (☿ ♍)는 세트

카드의 의미 : 나는 구체적이고 계획성 있는 사고에 끌린다. 카드의 행운지수는 전체 에너지가 일치하지는 않으나 말보다 직접적인 결과를 원한다는 것을 알 수 있다.

참고로 카드에는 일부러 룰러를 드러내는 표시함
카드는 하우스의 4원소가 싸인의 4원소와 일치하고 행성과 싸인의 룰러가 일치할수록 긍정적인 답을 얻을 수 있다. 물론 서로 다른 경우에는 에너지가 일치 하지 않으므로 생각한 바대로 추진하기에 어려움이 있을 수 있으니 계획을 수정하는 것이 바람직하다.

하우스의 4원소

Fire 붉은색 : 도전적이며 창조적인 성격
Earth 노란색 : 결과를 구체적으로 만들어내는 성격
Air 회색 : 이성적이며 소통을 좋아하는 성격
Water 파란색 : 감정적이며 느낌이 발달된 성격

---

4) 타로든 오라클이든 카드를 해석하는 것을 우리는 리딩Reading이라 한다.

7행성과 12싸인의 종류

행성이란? 개인의 성향을 표현하는 7가지 기능적인 부분을 뜻한다. 예를 들어 '마자'라는 인간은 삶의 추구 방식(☉)이 차근차근 인내하며 한 걸음씩 노력하여 이루어가는 방식(♑)이며 생각을 표현하는 방법(☿)은 조리있게 명령투의 표현방법(♑)을 쓰며 가장 편안함을 느낄 때(☽)는 신뢰하는 사람들과 어울릴 때(♓)이다. 어떤 매력에 끌릴 때(♀)는 지적이고 전문적인 인상을 갖을 때(♒)이며 일을 추진하는 방식(♂)은 구체적이고 현실적인 방법(♉)을 사용한다. 삶 속에서 즐거운 성장을 경험할 때(♃)는 자유롭고 독창적인 것을 보편화시킬 때(♒)이며 삶 속에서 자신이 어려워하는 부분(♄)은 가정생활(♋)이다. 이렇게 개인이 삶을 만들어 가는 방법을 기능적으로 분류한 것이 행성이며, 이 행성들(☉ ☽ ☿ ♀ ♂ ♃ ♄)은 12싸인의 모습(☉ ☽ ☿ ♀ ♂ ♃ ♄)으로 기능이 표현되어진다. 그렇기 때문에 행성의 기능을 하나하나 아는 것이 중요하다.

싸인이란? 12가지의 개성적인 성질을 나타낸다. 12싸인을 쉽게 표현하면 인간이 태어나는 순간부터 죽음에 이르기까지 12단계로 나눠진 특이한 성향을 나누어 놓은 것이라고 생각하면 된다. 세상에 갓 태어난 어린아이는 모든 것이 새롭고 호기심이 많을 것이다. 이런 성격은 첫 번째 별자리 ♈에리즈에 부합한다. 아이는 자라며 소유의 개념이 생기는데 이는 ♉토러스싸인과 부합한다. 아이는 자라며 수다스러워지고 세상과 소통을 하게 된다. 이 성격은 ♊제머나이 성격과 부합된다. 그리고 가정에 관한 이미지가 만들어지게 된다. 이는 ♋켄서와 부합하는 성격이다. 이제 청년이 되어 세상에 자신의 멋진 모습을 드러내는 때는 ♌리오와 이어지며 자신의 뜻을 세우는 때는 ♍버고와 이어지며 균형 잡힌 삶을 추구하는 단계는 ♎리브라와 이어지며 세상을 통찰하게 되는 시기는 ♏스콜피오와 대응하고 좀 더 한 인간으로 무르익는 단계는 ♐세저테리어스와 대응한다. 또한 이제 세상의 정점에서 자신의 세상을 구축한 때는 ♑ 케프리컨과 대응하며 좀 더 나은 세상을 위해 세상에 공헌 하는 때는 ♒ 어퀘어리스와 대응하며 마지막으로 이제 생을 정리하며 자연으로 돌아갈 준비를 하는 단계가 바로 ♓ 파이시즈와 대응하는 단계인 것이다. 이렇게 자연적으로 흘러가는 성격적인 차이를 12싸인의 성격으로 만들어 행성과 결합하여 구체적인 사건의 성격을 유추하는 것이다.

이렇게 7행성×12싸인의 조합으로 84장의 카드가 만들어 졌다. 이 84장의 카드를 12하우스에 올려 자신이 알고 싶은 답을 구하는 형식을 취하고 있다.

하우스란? 천궁도에 고정되어있는 인생의 영역을 나타낸다. 우리는 하우스에서 질문을 찾아 카드를 스프레드하여 답을 구하게 될 것이다.

카드는 현재의 질문에 관한 답을 주도록 고안되어 있는 호라리 점성술 카드이다. 그러므로 기본적인 행성, 12싸인, 하우스의 개념을 인지한 상태에서 지금 현재 알고 싶은 사건에 대해 카드의 정보를 이용하여 직관적으로 읽어야 할 것이다. 다음 장에서는 위의 개념을 상세히 설명해 보도록 하겠다.

7행성의 상징과 의미

 썬은 많은 사람들이 자신의 별자리로 알고 있는 것이 바로  썬이 들어있는 별자리에 해당하는 것이다.  썬은 인간이 살아가면서 의식적으로 배우고 익혀 성공적이라고 인식하고 추구해나가는 삶이라고 할 수 있다. 사람들이 대화할 때 자신의 생각을 표현하는 것은 주로  썬에 입각해서 이야기하는 것이다. 그것은 그들의 본 모습 즉, 무의식적 모습이 아닌 이상적으로 자신이 생각하는 것에 대해 이야기하고 있기 때문이다. 생각해보라. "당신은 어떤 사람인가요?"하고 물었을 때 당신이 그의 썬 싸인을 알고 썬 싸인에 입각해서 이야기를 한다면 상대방은 정말 잘 맞는다고 이야기하는 경우가 많을 것이다. 이유는 썬 싸인이 같은 그들은 비슷한 이상을 추구하기 때문이다. 그래서 현대 심리 점성술에서는 썬 싸인을 매우 중요시하고 있다. 잡지 혹은 신문에 월별로 나오는 것은 바로 이 썬 싸인에 기준해서 나오는 것이다. 그럼 이 점에 입각해서 카드의 그림과 상징적 키워드를 분석해 보도록 하자. 지금 여러분이 썬 싸인에 관련된 어떠한 카드를 뽑는다면 현재 의식적으로 당신이 추구하고 원하는 바가 무엇인지 보여줄 것이다.

 문은 현대 심리점성학 분야에서 썬 보다 훨씬 작은 범주로 간주되고 있다. 하지만 필자의 생각은 매우 다르다. 보통 문은 무의식이 지배하는 습관, 혹은 어린 시절, 양육에 관련된 기억이라고 표현을 하지만 사실 심리학적으로 볼 때 프로이드의 이론에서는 현재 발생되는 심리적 문제의

거의 대부분이 어린 시절의 경험에 기초한 어떤 무의식이라고 하는 것을 보면 7개 행성 중에 썬 보다 작은 역할을 한다고는 볼 수 없는 것이다. 그렇다면 문 싸인은 감정적인 안정과 만족에 대한 욕구이며 양육과 여성적 측면 즉, 어린 시절의 경험에 기초한다는 것을 알 수 있다. 그럼 무의식의 반대는 의식이라는 것부터 출발하자. 의식한다는 것은 내가 스스로 생각하고 있다는 것을 인지하는 것인데 그렇다면 우리가 하루 24시간 중 얼마를 의식적으로 살고 있을까? 일단, 잠 자는 시간도 무의식적인 시간일 것이고 당신이 멍하니 가만히 있는 시간도 무의식이 지배하는 시간이며 누군가에게 이유 없이 감정을 느낀다면 무의식이 발현된 시간일 것이다. 하다못해 물건을 고를 때에도 이유가 없다면 단지 어떤 장소가 편하고 좋다면 그것은 이미 무의식이 작용하고 있다고 보아도 무방할 것이다. 아마 이 책을 읽는 독자들은 자신이 어떤 면에서 가장 편안하고 안정감을 느끼는지 비로소 발견하게 될 것이라 믿는다. 가장 정확한 것은 물론 자신의 출생챠트를 해석하는 방법이지만 이 호라리식 오라클 카드를 이용한다면 문이 들어가 있는 12싸인이 하우스의 성격과 부합되는 상황일 때 안정감을 느끼게 되는 것을 알게 될 것이다. (앞의 '자신 별자리의 성향알기'에 나온 질문은 문의 싸인을 알기위해 만든 것이다.)

☿ 머큐리는 쉽게 말해서 생각하고 표현하는 능력이다. 한마디로 의사소통을 위한 12가지 방법이라고 할 수 있다. 이 ☿ 머큐리의 기능은 현대에 들어와 컴퓨터와 통신이 발달하며 모든 면에 있어서 엄청나게 발전되어졌다. 현대인들은 소통과 정보 없는 생활을 생각할 수조차 없을 것이다. 하지만 개인에 따라 생각하는 스타일과 의사소통하는 방법은 모두 다르다. 이 오라클 카드에서 제시하는 것은 현재의 상황에 도움이 될 수 있는 의사소통의 방법을 제시하고 있는 것이다.

 비너스 쉽게 말해서 사랑과 소유를 표현한 행성이다. 이것은 무의식에 가까운데 일본의 5)갸루족과 같은 이들은 자신의 미적인 스타일을 명확히 알고 추구해가는 이들이 있다. 애정에 있어서 여성이 남성에게 사랑을 느낄 때 그 남자에 관해서는 잘 알지 못하지만 유독 마음을 사로잡는 그 어떤 한 부분인 것이다. 예를 들어 어떤 이는 단지 눈길을 사로잡는 외모가, 어떤 이는 그의 지적인 모습이, 어떤 이는 과거의 아픔이 어떤 끌림으로 작용한다는 것이다. 사실 그렇게 보면 사랑이라는 말은 좀 더 깊은 감정의 상태이고 매력이라는 표현이 더 적절할 수 있을지도 모른다. 그리고 내가 어떤 물건을 소유할 때도 같은 작용이 일어나는 것을 알 수 있다. 같은 금액의 물건이 있는데 당신이 선호하는 스타일이 바로 비너스가 연계된 부분일 가능성이 매우 높다. 당신이 오라클 카드를 통해 알 수 있는 것은 현재 자신이 어떤 사랑과 소유의 방식으로 상대방에게 표현하고 있는지 객관적으로 알 수 있는 것이다.

 마르스는 어떠한 일을 계획하고 처리할 때 일을 진행시키는 방식을 나타낸다. 주로 행동으로 드러나는 방법이다. 또한 개인의 몸을 다루는 방법, 즉 육체적 욕망을 표현하는 방법까지 이 범주에 포함된다. 마르스

---

5) 갸루란 영어로 걸(girl)의 일본식 발음으로 갸루족은 특이한 복장을 한 여학생들을 일컫는다. 짙은 눈화장에 태닝한 피부는 물론 헤어스타일과 패션이 화려한 일본 여성을 통칭.

에 관련된 오라클 카드가 당신에게 주어졌다면 실질적인 행동에 도움이 되는 방법이 선택 되었을 것이다.

♃주피터는 지혜와 의료, 풍요를 다스리는 신이기도 하다. 간단하게 정의하면 삶을 풍요롭게 하는 즐거운 배움이라고 표현할 수 있다. ♃주피터의 배움은 다음에 나올 ♄세턴과는 큰 차이가 있다. ♄세턴은 어려움을 통해 얻는 배움이지만 ♃주피터의 배움은 즐겁게 나를 성장시키는 방법이다. 예를 들어 ♃주피터가 ♊제머나이인 사람은 주로 대화를 통해 자신의 삶을 살찌운다. 그래서 사람들 만나는 것을 배움으로 여긴다. 또 주피터가 ♈에리즈인 이들은 새로운 것을 경험 할 때마다 자신이 성장하고 있음을 느끼는 것이다.

♄세턴은 태양계 7행성 중 30년의 긴 주기를 가진 행성으로써 이번 삶 속에 영적 발전을 위해 극복해야하는 자신이 어려워하는 분야를 나타낸다. 즉, 자신에게 편안하고 안락한 삶을 추구할 수 없게 만드는 무의식적인 약점과도 같은 것이다. 이것은 아무런 이유도 없이 어떤 특정한 분야에 대해서 부담을 갖게 하며 부딪힘에 있어 두려움과 불안감을 느끼게 하는 행성이다. 하지만 ♄세턴을 받아들이고 극복을 하게 되면 이번 삶 속에 자기실현이라는 데스티니 앞에 승리자로 한걸음 다가 갈 수 있다. 예를 들어 ♄세턴이 ♋켄서에 있는 경우 가정에 관련된 삶의 이벤트가 많이 준비되어져 있다. 쉬운 말로는 자신의 어린 시절이 불우했음을 뜻하며 자신

이 만드는 가정생활도 어려움을 많이 느끼고 부담스러워 한다는 것을 알 수 있는 것이다. 하지만 이번 생에 이 문제를 편안하게 받아들 수 있다면 성공한 삶에 한 걸음 바싹 다가가는 것이다. 그래서 점성학 책에서 종종 이런 표현을 쓰는 것이다.

'Sun에 대해 대부분의 행성은 우호적이지만 Saturn 만큼은 적대적이다.'

이렇게 12싸인과 결합해서 마녀놀이 별자리 카드를 통찰할 수만 있다면 당신은 큰 도움을 받을 수 있다.

12싸인의 상징과 의미

♈ 에리즈는 모든 일에 있어 자신의 존재를 나타내고 증명하려는 성향을 나타낸다. 그들은 자신을 알리기 위해 새롭고 위험스러운 일에 종종 도전한다. 그리고 경험이 없기에 두려움도 없을뿐더러 생각보다는 행동으로 부딪혀 일을 풀어가는 충동적 스타일이다. 그만큼 그들은 순수하고 아이와 같은 면모를 지녔다. 하지만 그들의 그러한 성향으로 말미암아 타인에게 조차도 항상 분명한 의견과 행동을 요구하여 친구나 동료를 잃게 되는 경우가 많다. 그들이 지나친 충동적 성향과 쉽게 기분에 좌우되는 성질을 조절 할 수만 있다면 넘치는 에너지를 가진 용맹한 전사로 삶을 즐기며 살아갈 수 있을 것이다.

반대 성격의 싸인은 ♎리브라이다.

♉ 토러스는 획득과 소유의 개념을 가지고 있다. 그들은 물질적인 소유와 획득을 통해 안정을 누릴 때 행복하다고 느낀다. 그들은 물질적인 부를 소유하고 있다는 모습을 다른 이가 알아주기를 원한다. 또한 오감이 발달하였기 때문에 감각적이고 자극적인 느낌을 예술작품으로 표현해 내는 것에 탁월한 솜씨를 가졌다. 형이상학적인 것 보다는 구체적으로 증명이 되는 것을 선호한다. 감정 표현도 적극적으로 하기를 원하기 때문에 가끔은 물질적인 속물로 비춰질 때가 있다. 하지만 삶을 풍요롭게 만드는 모습

에는 그들의 땀과 노력이 함께 하고 있음을 우리는 알아야한다.

　　반대 성격의 싸인은 ♏스콜피오 이다.

　　Ⅱ제머나이는 서로 마주보며 이야기하는 형상을 취하고 있다. 그래서 Ⅱ제머나이에 가장 큰 의미는 의사소통에 관한 것이다. 이들은 정보를 통해서 다양한 아이디어를 제시하고 그것을 표현하는 것에 매우 능숙하다. 그들은 호기심 많은 사춘기의 아이들처럼 어디로 튈지 모르는 성향을 가지고 있다. 이들은 주제가 아무리 무겁고 우울한 하다하더라도 쉬운 말로 재미있게 풀어내는 재주를 가지고 있다. 또한 새로운 만남을 좋아하며 다양한 인간관계 속에서 그들은 더욱 발전적으로 성장한다.

　　반대 성격의 싸인은 ♐세저테리어스이다.

　　♋켄서는 보호막이 매우 두껍다는 사실을 먼저 인지해야한다. 그들은 낯선 모임에서 거의 의사표현을 하지 않는다. 하지만 시간이 지나고 그들에게 신뢰가 생기게 되면 그 모임에서 엄마역할을 자처하는 싸인 또한 ♋켄서이다. ♋켄서는 새로운 누군가를 받아들이는 것에 매우 신중하다. 하지만 그들에게 감동과 믿음을 준다면 가족의 일원으로 받아들여지게 된다. 하지만 새로운 것에 대한 인식이 매우 배타적이며 가족의 일원이 빠져 나가는 것 또한 매우 싫어한다. 그들은 과거에 집착하는 타입이며 매우 좋은 기억력을 지녔다. 암기에 있어서는 거의 따라올 싸인이 없다.

반대 성격의 싸인은 ♑ 캐프리컨이다.

♌ 리오는 선천적인 고귀함을 가지고 있다. 그들은 어디서나 시선을 받으며 주목받는 것을 진정 즐길 수 있는 싸인이다. 결국 자신의 카드에 ♌ 리오가 나왔다는 것은 지금 이런 특성이 드러날 수 있는 때라는 것을 암시한다. 주로 배우들, 예술가들, 정치인들, 주목받는 직업에 많이 나타나는 싸인이다. 그들은 또한 사치와 낭비벽이 많다. 하지만 긍정적으로 발달한 ♌ 리오는 기품과 관대함이 묻어나는 진실로 존경 받을 수 있는 사람이 된다.

반대 성격의 싸인은 ♒ 어퀘리어스이다.

♍ 버고의 머릿속을 열어보면 그들의 학습방법이나 삶의 경험을 저장하고 유지하는 방법이 잘 정리되어 있다는 것을 알 것이다. 그들은 주관적인 룰이 강하며 새로운 영역보다 자기만의 틀 안에서 살고자 한다. 그들은 암기와 같은 정형화된 공식을 다루는 것을 편안해한다. 또한 사회에 기여하려는 욕구도 매우 높아 봉사활동에 관심을 가지고 있다. ♍ 버고를 일반적으로 분석가들이라 표현하는데 이유는 정확한 데이터를 가지고 논리적으로 사고하는 것을 좋아하기 때문이다. ♍ 버고들은 자기와 다른 견해를 가진 사람들의 의견을 거의 수용하지 않는다. 하지만 명백한 증거가 나타날 경우 그들의 머릿속 영역을 확장시켜가며 그 부분이 만들어지는 것을

종종 보게 된다.

반대 성격의 싸인은 ♓ 파이시즈이다.

♎ 리브라는 제삼자의 입장에서 조율하는 일에는 탁월한 능력을 가지고 있다. 양쪽을 객관적으로 바라보며 공정한 결정을 하기 때문이다. 그들은 사람들 사이에 문제가 발생하면 그 문제를 해결해주는 것에 대해 자신의 존재감을 느낀다. 만약 이들에게 해결하고 조정해야할 일이 없다면 어떻게 될까? ♎ 리브라는 자신의 존재감을 찾을 수 있는 환경으로 이동할 것이다. 그러나 자신의 문제에 관해서는 결정 내리는 것을 어려워한다. 너무 여러모로 생각을 하다 보니 반대로 우유부단한 결과가 생기는 것이다. 섹스&시티의 캐리를 보라! 항상 그녀는 자신의 문제에서 이럴까? 저럴까? 하는 고민을 하며 끝이 나곤 한다. 대외적인 일을 할 때는 완벽주의적 성향으로 깔끔하게 일을 하며 탁월한 미적 감각은 예술분야에서도 잘 드러난다. 옷 입는 스타일은 여성성을 부각시키는 시스루나 실크소재를 즐겨 입는다.

반대 성격의 싸인은 ♈ 에리즈이다.

♏ 스콜피오는 겉으로 보이는 외면보다 내면을 꿰뚫는 통찰력을 가지고 있다. 그들은 상대방의 진심이 무엇인지 알 때까지 의심을 놓지 않으며 그들의 검증이 끝나면 깊고 강한 믿음을 보인다. 만약 이 상태에서 그들을

배신한다거나 신뢰를 무너뜨리게 되면 깊은 상처로 인해 반발 심리로 파괴적인 복수심을 갖게 되는 것이다. ♏스콜피오는 속을 알 수 없는 깊은 눈빛을 가지고 있다.   대화할 때도 ♏스콜피오가 주로 경청하는 이유는 말 속에 있는 의도를 알아차리기 위한 신중함이 있기 때문이다. 그들의 행동이 느리게 느껴지는 이유 또한 그와 같다. 하지만 그들이 이렇게 즉각적인 반응을 하지 않는다해서 그들이 순수하지 않은 것은 아니다. 오히려 그들이 안심하고 신뢰하는 이들 앞에서는 한없이 순수한 어린아이가 되기 때문이다. ♏스콜피오는 신비하고 드러나지 않는 깊은 느낌을 추구한다.

  반대 성격의 싸인은 ♉토러스이다.

  ♐세저테리어스는 주역의 ⁶⁾화산려(火山旅)와 닮아 있다. 자연주의자이며 한 곳에 머무르는 것보다 새로운 세계로 떠나는 것을 좋아한다. 그들은 낯선 환경에서 약간의 고독과 함께 철학하며 자신을 성장시키는 것을 좋아한다. 아니 항상 동경한다. 그들은 원래 배움을 좋아하고 가르치는 것 또한 좋아하기 때문에 삶 속의 스승임을 자처한다. 세상을 바라보는 태도가 관조적이라 사람들은 ? 세저테리어스에게 현실성이 부족하다는 말을 하지만 그들은 물질적인 만족보다 정신적인 만족을 더 추구하기 때문이다.

  반대 성격의 싸인은 ♊제머나이이다.

  ♑캐프리컨는 자기 절제와 극기가 몸에 배어 있다. 1970년에 새마을

---
6) 화산려(火山旅) 산 위에 태양이 불타고 있으니 나그네가 쉴 곳을 찾아야한다는 주역의 괘상

운동을 이끌던 박정희대통령을 떠올리면 쉽게 이미지화가 될 것이다. 좀 더 나은 내일을 위해 젊음을 받쳤던 우리의 아버지 세대…. 그들에게 요구되었던 싸인이 바로 ♑캐프리컨이다. 그들은 수직적 조직체계와 전체를 위해 개인을 버려야했던 시대상과 잘 맞아 떨어진다. 그들은 명예를 존중하고 전통을 중요시한다. 하지만 개인적 즐거움이나 창의성을 나타내기에는 많은 어려움이 있다. 모든 것은 조화가 필요하다.

반대 성격의 싸인은 ♋켄서이다.

♒어퀘리어스는 지식과 정보를 통해 독창적 집단을 이루는 것이 탁월하다. 국가적으로는 주마다 법이 있으며 독립적 성향의 나라인 미국이 대표적이다. 그들은 자신의 자유와 권리를 침해당하는 것을 무척 싫어한다. 또한 다른 이들의 독립적 자유를 무척이나 존중한다. 그래서 연애할 때 조차도 그들의 사랑 방식이 너무나 독립적이어서 깊은 감정공유를 하기가 어려울 수 있다. 즉 ♒어퀘리어스의 애인들은 진정으로 사랑받는지 의심스러울 때가 많을 것이다. 특히 애인의 싸인이 ♋켄서, ♏스콜피오, ♓파이시즈인 경우는 더욱 심하다. 그들의 키워드는 깊은 감정의 공유이기 때문이다. 그들은 함께 취미활동을 즐기거나 그들만의 독특한 놀이를 만든다면 극복이 가능하다.

반대 성격의 싸인은 ♌리오이다.

♓파이시즈는 눈에 보이지 않는 영적 에너지를 가장 잘 느끼는 싸인이

다. 그들의 키워드는 환상, 연민, 공감, 혼돈 등의 직관적 영역이 발달되어 있다. 그들의 반대 싸인은 ♍ 버고이다. 느낄 수 있는가? 그것을 느낀다면 당신은 어느 정도 12싸인에 대한 공부가 되어 가고 있는 것이다.

♓ 파이시즈는 무의식이 발달되어 있는 싸인이기 때문에 거의 느낌대로 삶을 살아가는 편이다. 영화계통, 만화가, 소설가 등 상상력이 필요한 직업군에 이 싸인이 많이 필요로 한다.

반대 성격의 싸인은 ♍ 버고이다.

12싸인 성격별 핵심어 정리

상징	주제어	핵심어
♈	나 여기 있다	Existence, Being, Pioneer
♉	나는 소유한다	Ownership
♊	나는 생각한다	Thinking, Speculation
♋	나는 느낀다	Feeling, Sense
♌	나는 주인공이다	a hero, a heroine
♍	나는 규칙이 있다	Rule, Analysis
♎	나는 조화롭다	Harmony
♏	나는 통찰한다	Passion, Insight, Vision
♐	나는 철학한다	Philosophy
♑	나는 지배한다	Control
♒	나는 공부한다	Intellectual
♓	나는 믿는다	Faith, Belief, Trust, Confidence

Ruler의 정의

Ruler란 12싸인을 다스리는 행성을 말하고 Ruler가 자신의 싸인에 있을 때 가장 강력한 힘을 발휘한다.

Ruler	행성	별자리
☉	썬	♌ 리오
☽	문	♋ 켄서
☿	머큐리	♊ 제머나이, ♍ 버고
♀	비너스	♉ 토러스, ♎ 리브라
♂	마스	♈ 에리즈, ♏ 스콜피오
♃	주피터	♓ 파이시즈, ♐ 세저테리어스
♄	세턴	♑ 케프리컨, ♒ 어케리어스

4개 원소와 12가지 싸인

서양철학의 기원은 4원소론에서 출발한다 해도 과언이 아니다. 모든 사상과 철학 속에는 4대원소론이 존재한다. 그 중에서도 점성학 분야는 그 기질이나 특질을 4원소론의 기질이나 특질으로 분류하고 이것은 더 나아가 칼 구스타프 융의 심리 유형에서도 같은 의미로 나눠짐을 알 수 있다. 그럼 4원소론에 대해 간략하게 알아보도록 하자.

쉽게는 지(地), 수(水), 화(火), 풍(風)이라 불리며 우주의 에너지를 4원소로 이루어졌다고 보는 것이다. 다음 장의 표에 간략하게 설명하였다.

4원소의 특징 정리

4 원소	색 상	기 질	싸인
Fire	붉은색	도전적이며 창조적인 성격	♈, ♐, ♌
Earth	노란색	결과를 구체적으로 만들어내는 성격	♑, ♍, ♉
Air	회색	이성적이며 소통을 좋아하는 성격	♊, ♎, ♒
Water	파란색	감정적이며 느낌이 발달된 성격	♓, ♋, ♏

마녀놀이 카드에 사용된 행성의 색상

- ☉ 썬 – 진노랑
- ☽ 문 – 은색
- ☿ 머큐리 – 회색
- ♀ 비너스 – 초록
- ♂ 마르스 – 붉은색
- ♃ 주피터 – 파랑
- ♄ 세턴 – 검정

하우스에서 핵심어 찾기

이제 당신의 궁금증이 어디에 속하는지 찾아야 한다.

제1 하우스   질문자의 개인적인 상황

질문자의 첫인상 (질문자가 보여주고 싶은 [7)페르소나 persona), 자기표현, 외모, 개성, 성향 등

---

7) 페르소나 persona : 진정한 자신과는 달리 다른 사람에게 투사된 성격을 말한다. 이 용어는 카를 융이 만들었는데 에트루리아의 어릿광대들이 쓰던 가면을 뜻하는 라틴어에서 유래한 것이다. 융에 따르면, 페르소나가 있기 때문에 개인은 생활 속에서의 자신의 역할을 반영할 수 있으며, 따라서 자기 주변 세계와 상호관계를 맺을 수 있다. 또한 자신의 고유한 심리구조와 사회적 요구 간의 타협점에 도달할 수 있기 때문에 페르소나는 개인이 사회적 요구에 적응할 수 있게 한다.

제2 하우스   노력으로 얻은 재산
재산, 재물과 구체화시키는 능력, 유동자산 등

제3 하우스   감정적으로 친한 사람들과의 소통
의사소통, 가까운 친척, 이웃, 단거리 여행 등

제4 하우스   가정적인 환경
어린시절의 가정환경, 현재나 미래의 가정 모습, 집안의 가장
(아버지 혹은 어머니)분위기 등

제5 하우스   개인적인 즐거움을 위한 환경
연애, 자녀, 창조성, 즐거움, 자신만의 놀이 등

제6 하우스   개인과 사회와의 만남
건강, 종업원, 봉사 등

제7 하우스   상대방의 성격과 상황
파트너, 결혼, 배우자, 애인, 동업자 등

제8 하우스   노력 없이 주어진 재산
유산(정신적인 유산 포함), 죽음과 관련된 상속, 재산, 보험, 유전 등

제9 하우스   이성적이고 논리적인 소통
배움, 교육, 지식, 종교, 철학, 장거리 여행 등

제10 하우스   사회적 환경
직업, 사회적 위치, 명예 등

제11 하우스   대외적인 사회사회 활동
모임, 친구, 동호회, 사교모임 등

제12 하우스   개인의 영적 에너지 교감
전생, 비밀의 방, 내면 깊은 무의식, 오컬트, 환상, 마녀, 슬픔 등

> ☞ 이 책의 제 3장에 표시된 하우스 별 요약은 위의 핵심어 중에 가장 많은 질문이 들어온 단어를 한 가지씩 선별하여 독자들이 알기 쉽게 예문으로 만든 것이다. 하우스를 이해하고 싸인과 행성의 상관관계를 살펴 긍정과 부정의 답을 얻어내는 것이 가장 정확한 방법이다.

마녀놀이 Note

천궁도의 12하우스는 인간으로 비유했을 때 태어나서 유아기를 지나 청소년기, 청년기, 중년, 장년기를 거쳐 노년기 그리고 죽음, 다시 태아기의 단계를 거쳐 진화하는 12개 영혼의 성장 영역이라고 할 수 있다. 여기서 12개의 하우스는 시간적으로 나타낼 수 있는 12 싸인의 성질과 유사하다. 그래서 [8)]디그니티(Dignity)가 주어지게 된다.(싸인의 성격과 같거나 비슷한 성질의 하우스에 들어가게 되면 싸인의 성격이 강해지는 힘을 얻게 된다.)

예를 들어 1번방은 태어나서 자신을 알리는 개성의 하우스이다. 그래서 자신을 나타내기 좋아하는 ♈-양자리-에리즈(αris)싸인이 들어가면 강한 추진력까지 더해져 삶 속의 강한 생명력이 부여되는 것이다. 또한 1번 하우스에 ♌-사자자리-리오(Leo)싸인이 들어가면 자신을 멋지게 연출하는 힘을 얻게 되니 연예인이나 화려하고 멋진 인기인들이 되는 것이다. 이것이 디그니티이다. 물론 반대성격의 싸인이 자신을 알리는 개성의 방인 1번 하우스에 들어간다면 상황은 달라진다. ♍-처녀자리-버고(Virgo)싸인이 1번 하우스에 있다면 어떻게 될까? 아마도 개성 있다는 말보다 평범한 인상을 가졌다는 말을 자주 듣게 되는 것이다. 자신을 개성 있게 표현하지 못하고 자신만의 표현의 방법이 정해져 있을지 모른다. 다른 하우스도 마찬가지 이다. 4번 하우스는 아빠, 엄마, 우리 집을 인지하는 하우스이고 5번 하우스는 자신의 취미활동이나 좋아하는 무언가, 소중한 어떤 것을 느끼는 하우스이다. 자 이제는 조금 더 많이 하우스와 싸인의 상관관계를 알 수 있을까? 하우스마다 12 싸인의 성격과 유사한 점이 많다는 사실까지 인식하기를 바란다. 여기서 하우스는 12 싸인과 성격이 유사하기는 하지만 이들을 12 싸인이라고 하지 않는다는 사실이 매우 중요하다. 하우스는 삶을 살면서 누구나 거쳐야하는 인생의 영역이니까….

계절로 다시 싸인을 느낀다면 봄을 계절의 시작으로 보듯이 다음은 여름 그리고 가을 마지막으로 겨울 다시 봄…. 이들의 성격을 살펴보면 12하우스의 영역 속에 우리 삶이 순환되는 것은 결국 12 싸인과 비슷하다는 사실을 알 수 있다. 물론 이것은 기본 중의 기본이다. 우리의 수업은 이 정도만 알아도 되는 수업이니까…. 하지만 핵심은 꼭 알고 넘어가자! 힘내라 힘!!!

---

8) 디그니티(Dignity) : 권위, 별이 힘을 갖는 좋은 위치에 있을 때

하우스 위의 12 싸인과 행성의 힘(길 or 흉)

하우스	싸인길(吉	Ruler(디그니티) 길(吉)	[9]이그절테이션 길(吉)	[10]디트리멘트 흉(凶)	[11]펄 흉(凶)
1	♈	♂	☉	♀	♄
2	♉	♀	☽	♂	
3	♊	☿		♃	♂
4	♋	☽	♃	♄	
5	♌	☉		♄	
6	♍	☿	☿	♃	♀
7	♎	♀	♄	♂	☉
8	♏	♂		♀	☽
9	♐			☿	
10	♑	♄	♂	☽	♃
11	♒	♄		☉	
12	♓	♃	♀	☿	☿

이 표를 사용하는 방법은 하우스의 색상과 카드에 있는 행성 그리고 싸인의 룰러가 위의 표시에 해당하는 관계에 있을 때, 길(吉)과 흉(凶)을 좀 더 명확히 알아보는 방법이다. 이 부분은 그냥 참고하여 보도록 하자.독자들 중 어느 누군가는 알고 싶어하는 열정의 소유자가 있을 수도 있기에 공부에 활용할 수 있도록 넣어 보았다.

마녀놀이 Note

나는 학생들에게 자주 이런 이야기를 한다.
"점(占)? 점은 암기야~ 암기를 잘 해야 응용도하고 연구할 수 있어"
더욱 진도를 나가고 싶다면 뒤로 돌아가 행성과 12 싸인 그리고 하우스의 역할에 대해 한 번 더 공부하고 오기를 바란다.
한 번 더 공부하고 온 학생들은 걸어다닐 것이고 이제 뛸 수 있게 만들어 줄 것이다. 뛰고 싶으면 이해하라!!! 날고 싶으면 암기하라 !!!

---

9) 이그절테이션(Exaltation) : 고유의 디그니티 다음으로 힘이 강해지는 것, 상승점이라고도 한다. 룰러나 싸인이 힘을 얻을 때 어려운듯 하지만 도표로 정리해 놓았다.

10) 디트리멘트(Dtriment) : 이 책에서 사용되는 디트리멘트의 개념은 공시성을 사용하는 별자리 카드이기 때문에 기존의 개념과 다르다. 여기서는 하우스의 특질을 12싸인의 고유한 룰러ruler로 인정하고 카드의 싸인과 행성의 개성이 그 룰러에서 활성화되는지 부적합한지를 판단한다. 디트리멘트는 반대편 하우스에 있는 별자리와 행성의 불길함을 뜻한다.

11) 펄(Fall) : 행성이 이그절테이션하는 사인의 반대쪽에 있을 때이다.

마녀놀이 별자리 카드를 대하는 마음가짐

주역점, 육효, 육임, 기문단시점을 칠 때는 향을 태우며 몸과 마음을 정화시켜 산대를 뽑아 점치라 이르고 있다. 타로카드를 볼 때는 자신의 문제에 집중을 하며 카드를 뽑으라 한다. 결국, 점을 칠 때의 공통적인 사항은 자신의 주관이나 의지, 바램을 담아 뽑지 말라는 것이다. 그냥 있는 그대로의 기운이 동시성이론을 바탕으로 카드에 드러나게 되면 객관적으로 있는 그대로 받아들이는 것이 정확한 [12]점사(占辭)이다. 실제 상담 시에 이런 경우가 종종 있다. 실제 상황은 너무 나쁜데 카드는 계속 좋은 의미의 카드가 나오는 것이다. 이런 경우 [13]내담자는 카드에 대한 이해가 부족하여 점의 결과가 나쁘게 나오는 것을 두려워한 나머지 좋은 결과를 바라는 마음을 담아 카드를 선택한 경우에 이런 상황이 발생한다. 이런 경우, 카드는 동시성을 이용하여 현재를 객관적으로 바라보는 도구임을 새롭게 인식하게 하고 다시 카드를 뽑게 하는 내공을 키워야한다. 당황하지 마라! 상담가는 개인의 목적을 위해 카드의 내용을 왜곡하지 않는 한 정당성과 신성함을 부여받는다고 '마쟈'는 생각하기 때문이다. 만일 의도적으로 왜곡했다면 그 잘못으로 인해 이번 생에 큰 죄를 저지르고 있음을 기억하라!

마녀놀이 Note

여기까지 도저히 외울 수 없다면 일단 인쇄를 하자. 그리고 적당한 크기로 잘라서 계속 보며 암송하도록 하자. 머리로 외우지 말고 입에 단어와 상징이 붙을 수 있도록 자주 말하자. 일주일을 투자하자. 만약 당신이 특별히 잘하는 특기나 취미가 없다면 이번이 좋은 기회가 될 수 있다. 매력 있는 사람으로 변신히는데 일수일이 걸린다면 노력해 볼만하지 않을까?

마자샘의 명령을 수행한 사람들은 다음 진도를 나가도록하자!
지금 여러분 앞에 마녀놀이 별자리 카드와 천궁도를 펼치고 카드를 준비하라! 준비가 되었다면 이제 또 다른 세상으로 날아가 보도록 하자.

---

12) 점사(占辭) [명사] 점괘에 나타난 말.
13) 상담을 위해 방문한 손님

마녀놀이 별자리 카드 사용법

One card

우리의 규칙은 아주 간단하다.

천궁도에 표시된 1번 하우스는 질문자라고 표시되어져 있다. 그 부분이 자신이 바라보는 방향에서 왼쪽에 놓이게 천궁도를 배치하라. 그리고 카드를 자신이 원하는 만큼 14)셔플하고 천궁도 위에 내려놓는다.

1, 종이를 꺼내어 놓고 자신이 고민하는 문제를 머리로 정리한 후 간단히 요약해서 적는다.

2, 천궁도에 1번 하우스부터 12번 하우스까지 카드를 뒤집어 랜덤으로 한 장씩 올려놓는다.

3, 자신이 적은 문제가 어느 하우스의 영역인지를 찾아서 그 방을 찾아 카드를 펼친다. (자신의 문제가 어느 하우스에 해당하는지 모른다면 12하우스에 관해 설명한 부분을 다시 보도록 하자. 아마도 사랑에 관한 질문이 가장 많을 것이다. 그럼 당신은 5번 하우스를 선택해야할까? 7번 하우스를 선택해야할까? 고민하지 말지어다. 왜냐하면 동시성에 의해서 당신의 질문에 대응하는 카드가 5번 하우스나 7번 하우스에 놓이게 되니 당신은 그저 마음이 가는 데로 카드를 펼쳐 읽으면 될 것이다. 당신이 더 많은 정보를 얻기 위해 두 곳을 모두 보고 싶다면 그렇게 해도 된다.)

4, 카드를 보면 아래 부분에 행성과 싸인이 양쪽에 표시되어있고 가운

---

14) 카드놀이에서, 카드를 잘 섞어 그 순서를 바꾸는 일

데에는 핵심 단어가 표시되어져 있다.

(여기서 중요한 것은 행성과 싸인 표시이다. 핵심 단어는 나중에 생각하자.)

5. 당신의 문제, 즉 하우스에 들어있는 카드 속의 행성(☉ ☿ ☽ ♀ ♂ ♃ ♄)에 해당하는 분야에 의해 문제가 발생되었음을 나타낸다. 그리고 그 문제의 성질은 12싸인 ♈ 에리즈(aris), ♉ 토러스(Taurus), ♊ 제머나이(Gemini), ♋ 켄서(Cancer), ♌ 리오(Leo), ♍ 버고(Virgo), ♎ 리브라(Libra), ♏ 스콜피오(Scorpio), ♐ 세저테리어스(Sagittarius), ♑ 케프리컨(Capricorn), ♒ 어퀘리어스(Aquarius), ♓ 파이시즈(Pisces) 중 하나의 성질을 띠게 된다.

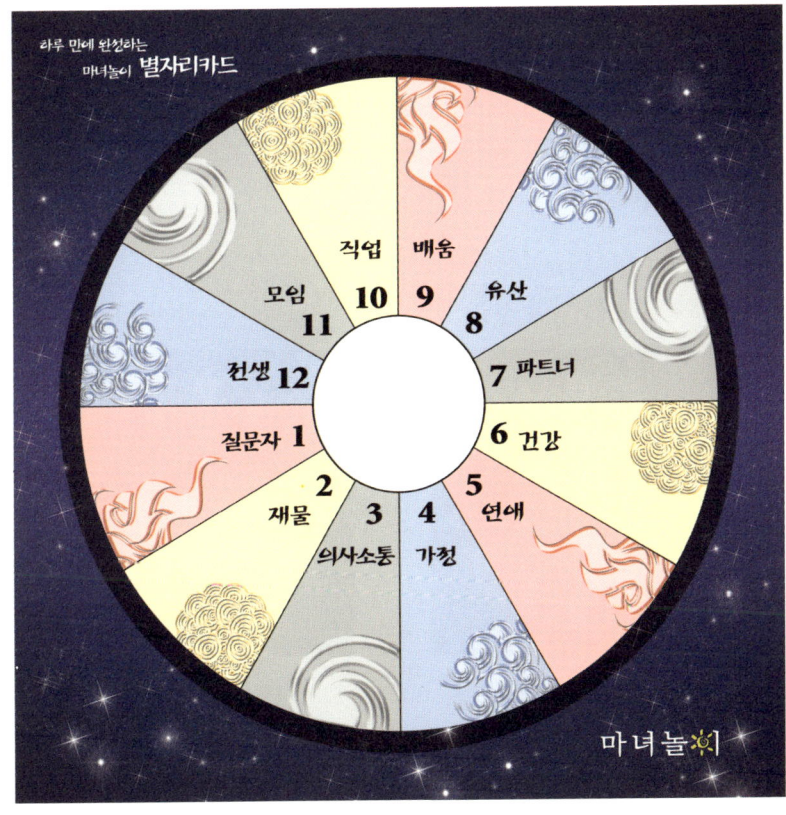

예시 1)

지금 사랑하는 사람과의 관계

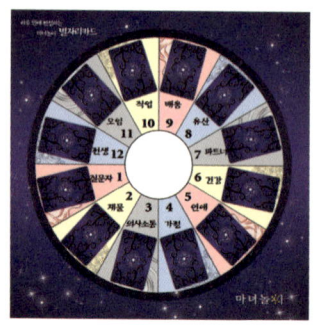 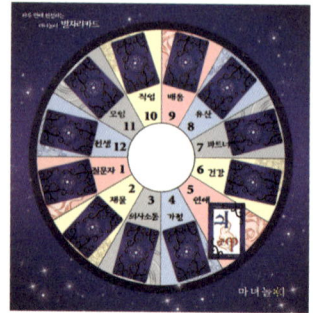

☞ 별자리 카드를 셔플하고 하우스 마다 한 장씩 올린다.
  하우스에서 5번 연애를 찾아 카드를 뒤집어 해석한다.

하우스의 불원소 기호와 카드의 불원소 기호가 일치한다.
그리고 그들의 사랑은 에리즈 싸인으로 새로운 것을 함께 경험하며
삶을 성장시키(주피터)고 있다.

상대방에 관해 더 알고 싶을 때

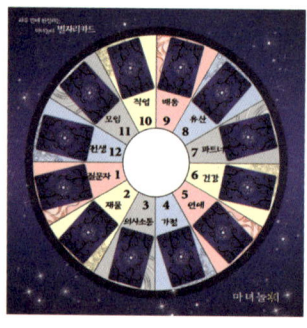 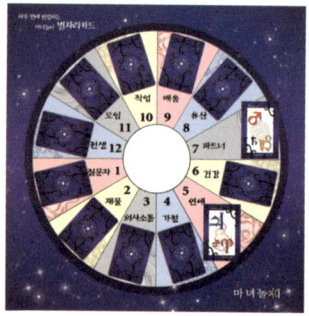

☞ 별자리 카드를 셔플하고 하우스 마다 한 장씩 올린다.
  하우스에서 5번 연애와 7번 파트너를 찾아 카드를 뒤집어 해석한다.

파트너는 신중하고 보수적인 스타일의 남성이라는 사실을 알 수 있다.

원소, 행성, 싸인과 룰러가 일치하는 것이 없기 때문에 평범한 남성이라고 생각하면 된다. 카드 리딩 방법은 신중하고 보수적인 케프리건 스타일로 일을 실행한다는 것(마르스)을 알 수 있다.

☞ 내용이 잘 이해되지 않는다면 제 3장에 하우스 핵심어에서 찾아보기를 이용하라. '하우스 핵심어에서 찾아보기'는 매우 단편적이라 행성과 싸인 상징을 공부한 후 스스로 리딩하는 것이 올바른 방법이다.

마녀놀이 Note

아마 무슨 말인지 잘 모를 것이다. 모르는 것이 당연하다.
하지만 걱정하지 마라. 이 '마자'는 당신이 제발 몰라주기를 기대하고 있으니 말이다. 그래야 마자가 더욱 잘난 척하고 장난치고 놀 수 있으니까
하지만 어떤 이는 이미 다 알아차렸을 것이다. 머리가 좋고 아이큐가 높아서가 아니라 아마도 앞 장에 있는 내용들을 시간 들여 열심히 외우고 이해하려 노력했기 때문일 것이다.
카드는 4개의 다른 배경으로 상징이 들어가 있다. 이 배경들은 4원소의 성질에 따라 지(地), 수(水), 화(火), 풍(風)의 그림으로 나뉘어져있다. 지(地)의 성격은 결과를 구체적으로 만들어내는 것을 좋아하는 성격을 가지고 있다. 수(水)는 감정적이며 느낌이 발달된 성격이다. 화(火)는 도전적이며 창조적인 성격을 가지고 있으며 풍(風)은 이성적이며 소통을 좋아하는 성격을 지녔다. 12싸인을 4개의 큰 덩어리로 나누며 이런 성격들과 유사한 성격을 지닌 하우스에도 같은 색상으로 천궁도에 표시해 두었다. 그래서 천궁도에 카드를 스프레드하고 딥을 볼 때 카드와 천궁도의 색상이 일치할수록 긍정적인 답이 나온다는 것을 한 눈에 알 수 있도록 만들었다. 물론 색상이 일치하지 않는다면 여러 성질이 겹쳐져 자신의 상황이 갈피를 잡을 수 없음을 나타내니 다시 한 번 더 깊은 통찰이 필요하다.

자 여기까지 기본적인 공부를 마쳤다.

앞의 내용을 이해한다면 당신의 영혼은 이미 성장하고 있는 것이다. 여기서 중요한 것은 항상 객관적으로 문제를 바라보는 것을 놓치지 말라는 것이다.

자신의 문제일수록 신랄하게 더욱 객관적으로 바라보라!

당신이 보고 싶은 세상을 카드에서 찾으려 하지 마라!

그리고 '이건 아닌데?' 이런 생각은 버려라!

당신에 의해 뽑혀진 카드는 당신과 무조건 관련이 있다.

처음부터 썬 오라클은 '동시성'에 근거를 두고 있음을 알렸다.

이 세상에 100명이 살고 있다면 100명이 바라보는 세상은 100가지라는 사실을 인식하라!

조금 쉬었다가 응용편을 하도록 하자.

주목!

커피 한 잔하고 쉬었으면 다시 시작합시다.

자신의 영적인 성숙을 위해 카드점을 보려한다면 우리는 누구에게나 적용되는 룰을 가지고 있어야한다. 물론 카드 마스터들은 자신의 룰을 스스로 만들어 적용시킬 수 있지만 이제 막 한 장의 카드 속에 담긴 행성과 싸인의 조합을 이해하기 시작한 초보자들에게는 어렵다. 그래서 가장 유용하고 쉽게 쓰일 수 있는 방법을 소개하고자 한다.

Three cards

각각의 행성과 싸인의 조합을 이해했다면 이제는 세 개의 하우스에 올려놓은 카드 세장을 연결하여 리딩하는 방법을 알아보도록 하자.

1, 1번 하우스(질문자 자신)의 카드 - 문제의 핵심단어가 들어있는 하우스(2번~12번 하우스 현재)의 카드 - 천궁도 가운데의 13번 째 카드(미래)

2, 1번 하우스(질문자 자신)의 카드 : 질문자 자신이 타인에게 보여주는 모습을 나타낸다. 자신이 타인에게 어떻게 보이는지 결코 알 수 없다. 이것을 심리학에서는 [15]페르소나[persona] 라고 표현한다. 항상 기억해야한다. 자신이 타인에게 보여주고 싶은 모습과 보이는 모습이 다르다는 사실을. 중요한 것은 현재이다. 지금 당신의 사건 혹은 문제 속에서 당신이 취하고 있는 태도라고 보면 가장 정확하다.

3, 문제의 핵심단어가 들어있는 하우스(2번~12번 하우스 현재)의 카드 : 질문자가 궁금해 하는 일에 대해 현재의 모습을 객관적으로 보여주는 카드.

4, 천궁도 가운데의 13번 째 카드(미래) : 현재와 이어진 미래의 모습, 질문자의 미래 모습이 변화되기를 원한다면 현재 삶의 태도를 바꾸어야 한다. 13번 카드의 지정하우스는 핵심에 즉 두 번째 카드가 들어있는 하우스이다.

---

15) 페르소나: 심리학 용어. 진정한 자신과는 달리 다른 사람에게 투사된 성격을 말한다. 이 용어는 칼 융이 만들었는데 에트루리아의 어릿광대들이 쓰던 가면을 뜻하는 라틴어에서 유래한 것이다. 융에 따르면, 페르소나가 있기 때문에 개인은 생활 속에서의 자신의 역할을 반영할 수 있으며, 따라서 자기 주변 세계와 상호관계를 맺을 수 있다. 또한 자신의 고유한 심리구조와 사회적 요구 간의 타협점에 도달할 수 있기 때문에 페르소나는 개인이 사회적 요구에 적응할 수 있게 한다.

예를 들어 보자!

예시 1)

Three cards

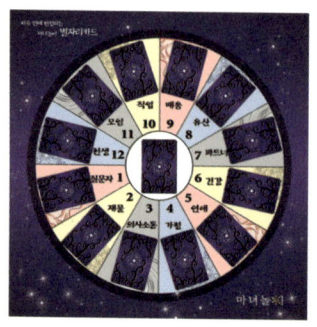
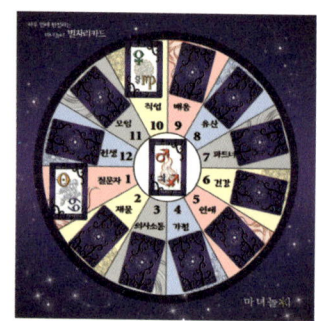

전체 카드와 하우스의 원소 혹은 행성이 일치하는 것이 무엇인지 살핀다.

직업의 하우스 원소와 카드의 원소가 일치하는 것을 알 수 있다. 이것은 긍정적이다. 1번 질문자의 상태는 먼저 하우스의 원소와 카드의 원소가 일치하지 않는다. 그리고 룰러와 행성도 어울리지 않는다. 이것은 질문자가 어떠한 확신도 없는 상태라는 뜻이다. 그리고 세심한 리딩을 한다면 질문자가 추구하는 바(썬)는 가정적인 행복(캔서) 즉, 썬사인이 캔서인 사람인 것이다. 조금 떠 융통성 있는 해석을 한다면 가정적인 행복을 추구하는 사람은 정적인 사람이므로 새로운 일의 도전을 꺼려하는 사람이기도 하다. 10번 직업은 하우스와 카드의 원소가 일치하므로 잘 맞는 직업에 종사하고 있음을 나타내며 비너스가 버고에 있는 직업은 언론, 출판 분야의 직업이라는 사실을 알 수 있다. 그냥 상징 그대로 표현한다면 소통은 체계적으로 구체화하는 것을 아름답게 느끼는 카드이다. 13번 가운데 카드는 마르스/세저테리어스이다. 이것의 핵심어는 새롭고 학술적인 것을 실행하라는 의미이다. 전체적으로 직업에 있어 좀 더 진취적으로 임할 것을 카드는 조언하고 있다.

여기까지 별 어려움 없이 진행되었다면 당신은 성실한 사람이다. 아마도 앞부분의 행성과 싸인 하우스의 의미를 이해하고 있으며 주변 사람들과 함께 실습도 해보았을 것이다. 잘 안 맞는다고 투덜거리는 사람은 '마음가짐' 부분을 다시 읽도록 하라.

자신의 염원을 실었는지 아니면 자꾸 현실을 미화하려는지… 틀렸다고 하기 전에 오지 않은 미래에 불만을 가질 필요 없다. 단지 받아 들였다면 지켜보라. 자신의 삶을, 자신의 모습을 객관적으로 바라보라. 그러면 결론이 나올 것이다. 때로는 바로, 때로는 시간이 걸려서라도… 당신이 착각할 수 있다는 여지를 남겨라.

X-File의 멀더처럼…

Trust no one. -아무도 믿지 말라
The truth is out there. -진실은 저 너머에 있다.
This is just the beginning. -이것은 시작에 불과하다.
Everything is dies. -모든 것은 죽는다.
Sometimes you are not who you are. 때때로 당신은 당신이 아닐 수 있다.
All lies lead to the truhl. -모든 거짓은 진실로 귀결된다.
The spirit is the truth. -영혼은 진실이다.
I want belive. -나는 믿고 싶다.

이제는 고급 응용편을 들어갈 것이다.

응용편

1. [16)]신수(身數)편

보통 대부분은 연초(年初)에 본다. 카드는 어차피 서양에서 들어온 문화를 따르고 있으므로 양력으로 12월 중기 이후부터 보면 된다.

룰은 간단하다. (무엇이든지 어려운건 없다.) 별자리의 기간이 신수를 보는 시간이다. 다음의 도표를 보면 이해하기 쉬울 것이다.

하우스	싸인sign	기간	음력절기
1	♈-양자리-에리즈(Aris)	3월21일~4월20일	
2	♉-황소자리-토러스(Taurus)	4월21일~5월21일	
3	♊-쌍둥이자리-제머나이(Gemini)	5월22일~6월21일	
4	♋-게자리-켄서(Cancer)	6월22일~7월22일	
5	♌-사자자리-리오(Leo)	7월23일~8월23일	
6	♍-처녀자리-버고(Virgo)	8월24일~9월22일	
7	♎-천칭자리-리브라(Libra)	9월23일~10월23일	
8	♏-전갈자리-스콜피오(Scorpio)	10월24일~11월22일	
9	♐-사수자리-세저테리어스(Sagittarius)	11월23일~12월21일	
10	♑-염소자리-캐프리컨(Capricorn)	12월22일~1월20일	
11	♒-물병자리-어퀘리어스(Aquarius)	1월21일~2월18일	
12	♓-물고기자리-파이시즈(Pisces)	2월19일~3월20일	

---

16) 신수(身數) [명사] 한 사람의 운수.

이렇게 12 하우스를 12싸인의 성격에 대입시켜 외우도록하자! 물론 12개의 하우스는 12싸인이 아니다. 하지만 비슷한 성격을 우리가 임의적으로 맞춘다는 사실을 알아야한다. 이것은 단지 우리가 카드를 다루기 위한 룰이다.

1, 자신의 신수를 객관적으로 보겠다는 마음으로(카드가 좋게 나왔으면 하는 염원을 버리고) 카드를 준비한다.
2, 천궁도 판을 펼치고 카드를 셔플한 뒤 카드를 내려놓는다.
3, 1번 하우스부터 12번 하우스까지 차례대로 카드를 [17]스프레드spread 한다.
4, 마지막 13번째 카드를 천궁도 중심에 올린다.

이제 펼쳐서 리딩하면 된다.
궁금하지 않은가?

1번 하우스는 위의 도표에서 기간을 찾아보자. 찾아보니 기간은 3월21일~4월20일이다. 이기간 동안 카드는 당신에게 어떤 일을 암시할 것이다. 이런 식으로 앞에서 했듯이 각각 리딩하라! 그리고 마지막 13번째 카드는 일 년 동안 일어날 일 중 가장 중요한 일을 암시한다. 싸인과 행성을 이용하여 당신의 직관력을 발휘하라.

---

17) 스프레드(spread) : 펴다, 펼치다.

예시)

 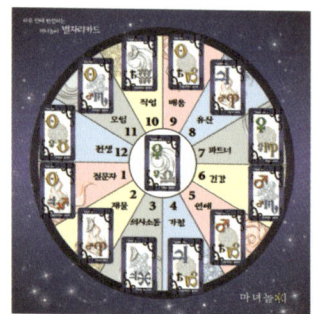

하우스에 해당하는 날짜는 앞 페이지에 도표로 그려 놓았다.

양력으로 10번 하우스는 내년으로 이어진다는 사실을 알아야한다.

1년 동안 전체적으로 중요한 사항은 13번 방의 카드에 나타난다.

13번 카드는 비너스/리브라이다. 이것의 의미는 아름답고 조화로운 것의 끌림, 혹은 조화로운 파트너라는 의미도 되기 때문에 멋진 애인을 만날 수 있음을 암시한다.

이제는 차례대로 살펴보자.

- 1번 3월 21일 ~ 4월 20일 **썬/세저테리어스** 새롭고 철학적인 것을 추구하는 때.
- 2번 4월 21일 ~ 5월 21일 **문/에리즈** 새롭고 도전적인 일을 하고 싶어 한다.
- 3번 5월 22일 ~ 6월 21일 **문/파이시스** 감정적으로 현실적이지 못할 때.
- 4번 6월 22일 ~ 7월 22일 **주피터/케프리컨** 체계적이고 조직적인 것을 통해 성장하는 때.
- 5번 7월 23일 ~ 8월 23일 **마르스/케프리컨** 체계적이고 조직적으로 실행하다.
- 6번 8월 24일 ~ 9월 22일 **마르스/스콜피오** 실행하기에 앞서 심도있게 생각하는 때.
- 7번 9월 23일 ~ 10월 23일 **비너스/버고** 계획적이고 논리적인 것에 끌릴 때.

- 8번 10월 24일~ 11월 22일 **주피터/에리즈** 새롭고 도전적인 일을 성장하는 때.
- 9번 11월 23일~ 12월 21일 **썬/케프리컨** 체계적이고 조직적인 일을 추구하는 때.
- 10번 12월 22일~ 1월 20일 **문/어케리어스** 혼자 정리하는 것이 편안할 때.
- 11번 1월 21일~ 2월 18일 **썬/스콜피오** 깊이 있게 사건을 통찰할 수 있는 때.
- 12번 2월 19일~ 3월 20일 **썬/토러스** 물질적이고 금전적인 것을 추구하는 때.

  (내용이 어렵다면 제 3장의 7행성 카드정리 편 참조)

2. 전체 운

지금 전반에 일어나는 자신의 상황을 객관적으로 보기위해 사용되는 카드사용법이다. 1번 하우스부터 12번 하우스까지 차례대로 올려놓는다. 여기서는 13번째 카드 사용은 자유롭게 결정한다. 그리고 1번 하우스부터 핵심어에 해당하는 상황을 카드에 맞추어 리딩하면 된다. 13번 카드를 사용할지는 카드를 스프레드하기 전에 결정되어야한다.

예시) 현재 전반적인 운은?

 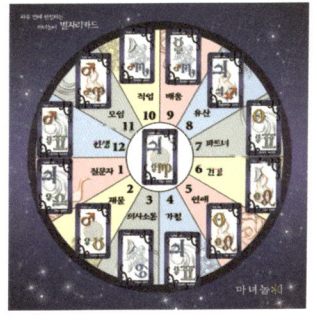

1. **질문자** (주피터/리브라) 조화로운 대인관계를 추구하는 사람.
2. **재물** (마르스/토러스) 금전적으로 나갈 것이 많은 사람.
3. **의사소통** (문/켄서) 마음을 잘 전달하지 못하는, 소통의 어려움.
4. **가정** (주피터/제머나이) 대화로 어려움을 풀어 가는 가정.
5. **연애** (썬/리오) 멋진 드라마틱한 연애, 열정적인 사람.
6. **건강** (문/리오) 장기쪽 질환 가능, 비만, 혈액순환기계.
7. **파트너** (썬/제머나이) 서로 대화가 잘 통하는 연인, 파트너.
8. **유산** (주피터/세저 테리어스) 여행자 기질과 늘 배우고자 하는 열정.
9. **배움** (머큐리/스콜피오) 신비주의, 비주류 학문을 공부하는
10. **직업** (문/스콜피오) 프리랜서, 시간과 공간에 얽매이지 않는 몰두할 수 있는 일.
11. **모임** (마르스/에리즈) 익스트림 스포츠처럼 강하고 도전적인 동호회.
12. **전생** (마르스/제머나이) 친구 없이 외로운 한 평생을 보낸 사람.

그리고 13번 카드는 현재의 당면 과제라고 할 수 있다.
13. **주용과제** (주피터/버고) 무엇인가 계획적이고 구체적인 작업을 통하여 성장 중인… 혹은 계획성과 결과가 필요한 일들을 하여야 하는….

3. 애정운(궁합)

궁합은 질문자와 배우자 그리고 연애로 나눌 수 있다.
질문자 - 1번 하우스를 찾아 현재 상태를 보라.
배우자 - 7번 하우스를 찾아 현재 상태를 보라.

여기서 사랑에 관한 카드가 나오지 않아서 틀렸다 하지마라!

사랑 보다 더 큰 문제를 안고 있을지 모르니 항상 단정적으로 생각하는 것을 주의해야한다.

연애 – 5번 하우스를 찾아 사랑의 현 상태를 객관적으로 보라.

미래의 연애모습을 보고 싶다면 13번째 카드를 이용하라.

그리고 단지 받아들여라. 결과를 바꾸고 싶다면 현재의 질문자와 현재의 배우자의 의식과 행동에 변화가 있어야 한다. 인식하라! 현재를 객관적으로 인식하라!

예시 1)

1번 질문자 (문/토러스) 물질적으로 풍요로워야 안정이 되는 사람. 신상품으로 꾸민 외모를 보이는 사람.

7번 파트너 (주피터/토러스) 경제적인 여유가 있는 애인.

5번 연애 (주피터/파이스트) 서로의 아픔을 어루만져주는 다정한 사람.

그리고 가까운 미래의 사랑을 알고 싶다면 13번 카드를 뽑는다.

13번 (비너스/버고) 서로 사랑의 규칙을 만들어 안정적인 연애를 즐긴다.

마녀놀이 Note

항상, 카드를 리딩할 때는 1번 하우스에서 질문자의 현재 상황을 인식하는 것부터 시작한다. 그리고 질문하고자하는 하우스를 선택하고 현재의 문제 상황을 바라본다. 그리고 미래를 설정하고 13번 카드를 이용한다. 여기서 미래를 설정하는 것은 카드를 스프레드하기 전에 가까운 미래의 기간을 구체적으로 정하는 것이 좋다. 그리고 그 기간 안에는 다시 보지 않는다. 만약 당신이 13번 카드 결과에 변화를 주고자한다면 현재를 올바로 인식하고 바로 지금 변화를 주어야 한다. 지금 당신이 변화하기 시작한다면 미래는 바뀔 수 있기 때문이다.

7 행성과 12 싸인 별 카드 정리

마녀놀이 별자리카드의
행성별 요약정리를 사용하기 전에

 주목

  이 책에 수록되어 있는 내용은 당신 상황에 완전하고도 정확하게 들어맞지는 않을 수도 있습니다. 이 책을 사용하는 방법은 앞부분에 있는 별자리의 기호를 공부하고 스스로 자신의 길을 찾아 가는 것을 원칙으로 합니다. 하나의 상징에는 수많은 의미와 내용이 담겨있기 때문입니다. 그 내용 중 가장 많은 독자들에게 타당할 만한 내용을 골라 문장을 만들고 편집한 것이니 다음에 나오는 문장 하나에서 틀리다 그름을 찾는 것은 무의미할 수 있습니다. 하지만 공시 현상에 의해 당신이 선택한 카드는 당신과 관련된 상황이 틀림없다는 것을 알려드립니다. 단지 해석하는 과정에 있어 여러 상황 중에 한 단어씩 뽑아 놓은 것이니 문장의 내용은 유연하게 받아드리기를 당부합니다. 특히 전생부분은 별자리 기호와 상징의 내용에 근거하여 창작한 것이니 너무 맘에 담아두지 않기를 바라며 단지 자신을 한 번 더 뒤돌아 볼 수 있는 계기로 삼았으면 하는 것이 필자의 소망입니다.

  이 책은 현재보다 나은 삶을 추구하기 위해 만들어졌습니다. 내용 중에 아픈 것이 때로는 약이 될 수도 있고 단것이 오히려 독이 될 수도 있습니다. 확실한 것은 현재를 직시하는데 도움을 받고 더 나은 미래를 설계하기를 바란다는 것입니다. 아무쪼록 길 위에서 심장이 별자리에 묻고 싶을 때 당신만을 위한 답을 구할 수 있기를 진심으로 기원합니다.

SUN

⊙ / ♈
나는 추구한다/새롭고 도전적인 삶을

그럼 썬이 에리즈에 있을 때는 어떨까?

새로운 일에 대해서 도전 정신이 강하고 매사에 열정적이며 목표를 위해 세상에 맞서는 모습에 굉장한 매력을 느낀다. 당신이 지금 썬에리즈 카드를 뽑았다면 그런 창조적이고 도전적인 발상이 당신을 성공으로 이끄는 길임을 인식하고 바로 행동으로 옮겨야 할 것임을 나타낸다. 하지만 과도한 에리즈적 충동은 피해야한다.

하우스 핵심어에서 찾아보기

1 질문자 : 신기함, 새로움, 독특함, 반항적인, 남성적인, 주장이 강한, 운이 따르는.
2 재물 : 지금껏 해보지 않은 일에 도전하라!
3 의사소통 : 재미있는 입담으로 주위를 항상 즐겁게 하는 사람.
4 가정 : 새로운 형태의 가정, 한 부모 가정, 다문화 가정, 안정적이지 못한 가정.
5 연애 : 솔직하고 진실된 사랑을 하라! 창의성이 겸비되면 금상첨화.
6 건강 : 두통, 머리 쪽 질환 가능, 사고나 부상 주의.
7 파트너 : 자신과 반대적 성향, 감당할 수 없는 개성, 성격차이를 크게 느낌.
8 유산 : 도전정신, 행동력, 열정.
9 배움 : 새로운 학문, 대체 의학, 유행에 민감한 교육.
10 직업 : 새로운 직업, 틈새 산업, 최신 유행 직업, 이벤트 계통.
11 모임 : 독특한 성격의 모임이나 친구들.
12 전생 : 개성적인 외모로 인한 콤플렉스를 가진 사람이었다.

☉ / ♉
나는 추구한다 / 예술과 돈과 사랑을

그럼 썬이 토러스에 있을 때는 어떨까?

미적 감각이 뛰어나고 예술에 대한 애정이 매우 높기 때문에 삶을 낭만적으로 만들 줄 안다. 그들은 물질적 안정이 정신적 안정과 함께하며 이것이 충족될 때 예술과 낭만적 사랑이 꽃피워진다. 썬토러스 사람들은 이러한 생활을 성공이라는 이름으로 추구하고 있다. 이러한 삶의 목표를 가지고 그들은 땀 흘리며 끈기 있게 생활한다. 하지만 지나친 재물 욕심은 사람을 잃게 만든다.

하우스 핵심어에서 찾아보기

1 질문자 : 깔끔하고 경재력 있어 보인다.
2 재물 : 물질적 기반이 닦여져 있다.
3 의사소통 : 구체적으로 표현을 매우 잘 하는 사람.
4 가정 : 물질에 가치를 두는 가정에서 자란다.
5 연애 : 경재력 있는 사람에게 끌리기 쉽다. 현실적인 사랑.
6 건강 : 얼굴에 관련된 질환 가능, 몸의 통증, 비만 등.
7 파트너 : 자신과 잘 어울리는 배우자, 이상적인 배우자, 파트너, 동업자.
8 유산 : 물려받지 않아도 됨, 빚을 상속 받을 수 있음.
9 배움 : 물질보다는 정신적 교류의 소중함을 배워라!
10 직업 : 세무, 금융계통, 경리계통에서 성공.
11 모임 : 경제적으로 안정된 친구들.
12 전생 : 큰 거상이 되어 승승장구했던 사람.

☉ / ♊
나는 추구한다 / 다양한 소통을

그럼 썬이 제머나이에 있을 때는 어떨까?

　재치 있는 말솜씨로 다양한 사람들과 정보를 교류하며 살아가는 즐거움을 추구한다. 그들은 방대한 정보를 축적하고 정리하는데 탁월한 소질이 있으며 이시대의 유행을 주도한다고 볼 수 있다. 하지만 이들은 항상 변화를 추구하기 때문에 집중력이 부족하다는 소리를 듣는다. 그리고 말이 앞서고 실천하는 추진력이 부족한 경우가 많아 타인이 가볍게 느낄 수 있다.

하우스 핵심어에서 찾아보기

1　질문자 : 즐겁고 유쾌한 느낌, 다양한 대화, 진지함이 부족함.
2　재물 : 사람 상대로 버는 돈, 영업, 상담, 컨설팅.
3　의사소통 : 주변에 일어나는 모든 것을 말하는 사람.
4　가정 : 대화가 많은 재미있는 가정.
5　연애 : 다양한 대화를 즐기는 연애를 한다.
6　건강 : 목과 관련된 질병이 있을 가능성이 있다. 건강한 편이다. 신경 예민.
7　파트너 : 생각이 비슷하며 잘 통하는 배우자, 이상적인 동업자.
8　유산 : 말 한마디로 천 냥 빚을 갚는다. 긍정적 사고와 남을 배려하는 말이 도움이 된다.
9　배움 : 외국어에 재능, 외국에서 새로운 학문을 배워 국내에 소개하다.
10　직업 : 영업직, 서비스업, 컨설팅사업, 이벤트업.
11　모임 : 다양한 주제로 편견 없이 이야기하는 친구들이나 모임, 사교모임.
12　전생 : 사람들의 비밀을 많이 알고 있었던 사람.

☉ / ♋
나는 추구한다 / 서로 보호하고 안아주는 것을

그럼 썬이 캔서에 있을 때는 어떨까?

　가정의 행복을 삶의 성공으로 인식하고 추구한다. 그들은 자신의 삶의 울타리가 안정되어 있을 때 내가 잘 살아가고 있다고 생각한다. 그들은 타인의 믿음과 신뢰를 확인하면 가족과 같은 대우를 한다. 자신이 아끼는 모임이나 환경에서 가족적인 분위기를 만들어 내며 지키려 애쓴다. 하지만 감정적인 상처가 깊어지면 자기비하상태에 빠지기도 한다.

하우스 핵심어에서 찾아보기

1　질문자 : 좋은 인상이지만 친해질 틈을 주지 않는, 친해지기 어려운 인상을 심어줌.
2　재물 : 안정적인 투자, 부동산 투자, 미래의 가정을 위한 투자
3　의사소통 : 우리라는 표현을 자주 쓰며 한 가족이라는 느낌을 갖게 말을 한다.
4　가정 : 안정적이고 모범적인 가정, 이상적인 가정, 정이 많은 가정
5　연애 : 모성애적인 연애, 우렁각시, 짝사랑
6　건강 : 위장쪽 질환, 만성일 가능성 있음, 알러지, 약복용 주의
7　파트너 : 우렁각시, 구속적인 애인, 집착하는 애인, 부담스러운 감정
8　유산 : 녹창석인 미적 감각, 슬픈 비운의 예술가듯 유형
9　배움 : 가풍과 관련된 교육(음악가 집안, 교육자 집안, 스포츠 집안등)
10　직업 : 가족 사업, 식구들과 하는 일, 대기업에서 작은 부서 관리
11　모임 : 식구와 같은 모임이나 친구들, 절친
12　전생 : 까미유끌로델 스타일의 사랑에 배신당한 비극적인 운명

☉ / ♌
나는 추구한다 / 나의 미친 존재감에 사람들이 환호하는 것을

그럼 썬이 리오에 있을 때는 어떨까?

썬/리오는 자신의 창조성이 사람들에게 인정받을 때 자신의 삶이 성공했다고 느낀다. 그들의 밝고 긍정적인 마인드는 주변인들을 즐겁고 행복하게 만든다. 허나 지나친 자기과시와 나르시즘, 사치로 인해 스스로 따돌림을 자처할 수 있다. 썬/리오가 아픔을 겪을 경우 다른 싸인의 썬과 다르게 쉽게 재기하지 못하는 경우가 많은데 이유는 항상 주목받던 리오가 자존감이 떨어지게 되면 그 회복이 쉽지 않기 때문이다. 상처 받은 그들이 치유되는 방법은 타인에게 존중받고 있다고 진심으로 느낄 때이며 주위의 관심이 무엇보다도 중요하다.

하우스 핵심어에서 찾아보기

1 질문자 : 강렬하고 멋진 모습, 시선을 사로잡는 매력.
2 재물 : 수입과 지출이 같거나 사치스러운, 과시적인 소비.
3 의사소통 : 스스로를 높게 평가하는 말투, 좀 거만하게 이야기하는.
4 가정 : 개성이 강한 가족, 보여지는 것이 중요한 가정.
5 연애 : 드라마의 주인공들이 하는 사랑.
6 건강 : 장기쪽 질환 가능, 비만, 혈액순환기계.
7 파트너 : 사치스럽거나 낭비벽이 있는 상대, 실속 없는 동업자.
8 유산 : 창의성, 소비 습관, 유전적인 외모.
9 배움 : 자신을 돋보이게 하는 학문, 영화, 작가, 방송 분야의 공부.
10 직업 : 방송, 엔터테인먼트 분야, 자영업 CEO.
11 모임 : 사회적으로 성공한 사람들 모임, 성공한 친구.
12 전생 : 격정적인 사랑을 경험하는 여주인공 같은 사람.

☉ / ♍
나는 추구한다 / 계획성 있는 삶을

그럼 썬이 버고에 있을 때는 어떨까?

썬/버고는 성공이란 안정된 그들만의 삶의 방식을 만들어 그 속에 사는 것이다. 그들의 직업은 분석적이고 정확한 데이터에 의한 구조를 만드는 일에 적합하다. 그들은 자신의 건강뿐만이 아니라 지역사회의 보건활동에도 관심을 가지고 참여한다. 그들은 경험을 받아들이는 방식이 하나씩 그 원형을 그대로 카피하는 형식이다. 그래서 융통성이나 이해의 폭이 좁아지기가 쉽다. 하지만 조직이나 많은 규칙과 룰이 필요한 직종이나 까다로운 연구직에 있어서는 성공할 확률이 매우 높다.

하우스 핵심어에서 찾아보기

1 질문자 : 깔끔하고 단정한 외모, 예의 바른 이미지.
2 재물 : 계획성 있는 예금, 안정적인 투자, 자신이 노력한 만큼의 댓가.
3 의사소통 : 자신의 생각을 고스란히 드러내는 말투, 상대방을 이해하려는 노력이 없는.
4 가정 : 가정 내에 지켜야할 룰이 있다. 항상 계획성 있는 생활을 하려고 노력한다.
5 연애 : 자신만의 확실한 연애관, 상대방을 배려하는 마음이 필요.
6 건강 : 장기 질환 가능, 신경과민, 불안, 정신적 건강.
7 파트너 : 깔끔하고 자신의 역할을 잘 해내는 배우자, 동업자.
8 유산 : 깔끔하고 계획성 있고 성실한 성격을 물려받음.
9 배움 : 논리적이고 분석적인 분야의 학문.
10 직업 : 증권 애널리스트, 큐레이터, 분석계통의 직업.
11 모임 : 자신의 수준에 맞는다고 여겨지는 사람들.
12 전생 : 양가 집 규수로써 아랫사람과 눈이 맞아 도망간 사건.

☉ / ♎
나는 추구한다 / 아름답고 조화로운 삶을

그럼 썬이 리브라에 있을 때는 어떨까?

    썬/리브라는 기본적으로 혼자라는 것을 가장 견디기 어려워하는 싸인이다. 그들은 사람 사이에 존재하는 모든 사건들을 조율하기 위해 태어났다고 해도 과언이 아니다. 그들은 모든 상황을 객관적으로 바라보는 눈을 가지고 태어났다. 그래서 제 삼자로써 문제를 해결하고 그것을 통해 자신의 존재감을 느낀다. 또한 탁월한 균형감각으로 디자인 쪽의 특별한 재능을 지녔다. 하지만 자신 자신에 관련된 문제에 대해서는 우유부단하게 결정을 내리지 못한다.

하우스 핵심어에서 찾아보기

1 질문자 : 평범함, 두드러지지 않음, 세련미가 있는.
2 재물 : 손해 보는 일이 별로 없는 수완가. 금전적인 감각이 탁월함.
3 의사소통 : 상대방을 배려해주는 말투, 세련된 어조.
4 가정 : 가정보다는 사회활동이 우선시되는 가정, 서로 배려해주는 가족.
5 연애 : 서로에게 배려해주는 연애.
6 건강 : 신장쪽의 질환 가능, 스트레스, 감정적 혼란.
7 파트너 : 자신과 매우 흡사한 배우자, 잘 맞는 동업자.
8 유산 : 항상 중립을 지키려하는 성격을 물려받음.
9 배움 : 공정성을 요하는 학문(경제, 사범대 등).
10 직업 : 감정평가사, 부동산 권리분석, 직업소개소 등 컨설팅 분야.
11 모임 : 다양하고 폭 넓은 친구들, 모임.
12 전생 : 타고난 바람둥이로써 여럿 울리고 다니는 사람.

☉ / ♏
나는 추구한다 / 신비하며 깊이 있는 열정적인 삶을

그럼 썬이 스콜피오에 있을 때는 어떨까?

썬/스콜피오는 자신의 깊은 내면을 통찰하고 자신의 신념을 확인할 때 최고의 성취감을 느낀다. 그들은 타인의 비판적 시선을 두려워하지 않는다. 오로지 그들에게 중요한 것은 자신이 알고자하는 깊은 신념의 확인이다. 그들은 하나를 위해 모든 것을 절제하고 포기할 준비가 된 자들이다. 무엇이든지 자신의 관심분야에서는 어느 정도 이루어내는 능력이 있다. 그들의 집중력은 다른 어떤 싸인 보다도 강력하기 때문이다. 그들은 상대에게 매우 깊은 신뢰를 주며 배신하지 않는다.

하우스 핵심어에서 찾아보기

1 질문자 : 자신을 드러내지 않으며 중요한 포인트만 집어내어 말함, 신중함.
2 재물 : 금전적인 것보다 자신의 신념을 더욱 소중히 함.
3 의사소통 : 말을 축약해서 하는, 은유나 비유적으로 말함.
4 가정 : 가정사에 슬픔이나 사건이 많음.
5 연애 : 죽음을 넘나드는 애절한 사랑, 배신과 복수.
6 건강 : 생식기 관련 질환 가능, 성적인 질병, 모욕와 상처에 민감.
7 파트너 : 속을 알 수 없는 상대, 배우자, 동업자 (감정에 치우치는 경향).
8 유산 : 예술적이고 깊이 있는 통찰력을 물려받음, 본능적으로 진실을 알 수 있는.
9 배움 : 삶과 죽음에 관련된 학문.
10 직업 : 예술계통이나 생사를 다루는 전문 의료분야의 권위자.
11 모임 : 적은 친구와 모임, 정말 진실한 몇몇의 사람들.
12 전생 : 집안의 정략결혼으로 사랑을 버린 불행한 삶을 살았던 사람.

나는 추구한다 / 낯선 삶의 여행을

그럼 썬이 쎄저테리어스에 있을 때는 어떨까?

항상 긍정적이고 밝은 인상을 가지고 있으며 현실적인 욕심보다는 자유로운 영혼으로 남고 싶어 한다. 언제나 솔직하게 자신의 생각을 쉽게 이야기할 수 있으며 상대방이 부족한 부분을 잘 가르쳐주는 우리의 옛 낙향한 선비의 모습을 닮아있다. 탐험과 모험심이 강한 그들은 낯선 환경에서도 그곳의 문화를 잘 습득하고 이해하며 사랑할 수 있는 정서를 지니고 있다. 열린 그들의 사고와 정신은 새로운 문화 발전에 크게 기여하고 그렇게 함으로써 성공적인 삶을 산다는 믿음을 얻는다.

하우스 핵심어에서 찾아보기

1 질문자 : 선생님 분위기가 나는, 학식 있어 보이는, 이국적인 분위기, 자유로운 느낌
2 재물 : 금전적인 것보다 여행하고 난 뒤의 많은 경험들, 새로운 문화 체험.
3 의사소통 : 설명하듯이 이야기하는, 유쾌하고 즐거운 대화.
4 가정 : 자유로운 분위기의 가정, 밝고 긍정적이고 여행을 많이 다니는 가정.
5 연애 : 장거리 연애, 낯선 환경 속에 생기는 연애 감정.
6 건강 : 고관절과 대퇴부쪽 질환, 류머티즘, 골절, 좌골 신경통.
7 파트너 : 가르치려하는 배우자(나이 혹은 정신 연령이 높은), 윗사람과하는 동업.
8 유산 : 학자 집안, 항상 배우고자하는 열정, 자연주의자, 여행가 기질.
9 배움 : 철학적 학문, 자연과 함께하는 교육, 탐험적인 학문, 이국적이고 낯선 학문.
10 직업 : 프리랜서, 사진작가, 돌아다니며 할 수 있는 전문직, 출장이 많은 직업.
11 모임 : 정신적으로 편안한 모임, 산악회, 사진 동호회, 다국적 친구들.
12 전생 : 도를 닦으며 삶과 자연의 가르침을 배웠던 사람.

⊙ / ♑
나는 추구한다 / 사회적 지도자가 되는 것을

그럼 썬이 케프리컨에 있을 때는 어떨까?

　썬/케프리컨는 자신이 컨트롤할 수 있는 조직이나 체계가 잡혀 갈 때 성공하고 있다는 느낌을 갖는다. 그들은 일을 성공시키기 위해 자신을 극기하고 조절하는 능력이 탁월하다. 모든 일에 성실하고 노력하는 자세로 임하기 때문에 믿고 맡길 수 있는 인물로 인정받는다. 하지만 그들은 과도한 긴장과 스트레스를 받기 때문에 건강이 나빠질 우려가 있다. 그들은 군대와 같은 수직적 조직 체계에 속해 있을 때 편안함을 느낀다. 그들에게 있어 윗어른을 공경하고 아랫사람을 이끌어 주는 것이 올바른 도리이자 삶이라 인식하며 지금보다 나은 미래를 위해 현재를 인내하는 삶을 사는 것이 옳다고 인식한다.

하우스 핵심어에서 찾아보기

1　질문자 : 예의바르며 절도 있는 태도, 단정한 옷차림.
2　재물 : 재물보다는 명예를 중시하는 사람!
3　의사소통 : 말을 조리 있게 잘 하는, 말 속에 기승전결이 있는.
4　가정 : 가정교육이 매우 엄격한 집안, 아버지의 권위가 강하고 예의를 중시하는 가정
5　연애 : 상대방의 명예를 존중하는 사랑, 따뜻한 맘이 묻어있는 전통적인 연애.
6　건강 : 무릎이나 다리 쪽 질환 가능, 우울증, 신경통, 관절염, 과로.
7　파트너 : 참을성 있고 인내하는 배우자, 현명한 배우자, 함께 어려움을 이겨내는 동업자.
8　유산 : 인내와 참을성.
9　배움 : 사회복지계열, 간호학, 노인관련 교육, 군대식 교육법.
10 직업 : 군대의 장군, 대기업의 총수, 최고 CEO 등.
11 모임 : 로터리 클럽, 라이온스클럽과 같은 성격의 모임이나 격식 있는 친구들.
12 전생 : 정치가로써 부정부패를 저지른 인물.

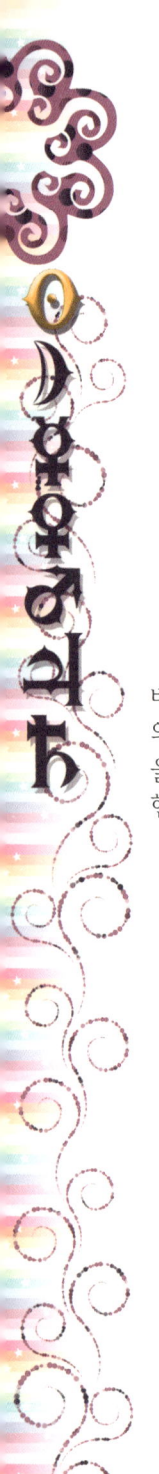

나는 추구한다 / 인간 중심의 개혁적인 삶을

그럼 썬이 어퀘리어스에 있을 때는 어떨까?

잘 성장한 썬 어퀘리어스들은 보통 인류애가 가장 잘 발달되어져있다. 그리고 그것을 바탕으로 그들의 전문성을 이용한 보편적인 지식을 알리고 보급하려 애쓴다. 그것이 그들의 성공적인 삶을 이루는 과정이기 때문이다. 그리고 가정 내에서도 가족들 개개인의 의견을 존중해주고 그들이 나아가려는 삶을 지지해준다. 그들은 독립적인 개체가 되어 한 사람 한 사람이 제 역할을 하는 것이 옳은 삶이라고 인식하고 있다.

하우스 핵심어에서 찾아보기

1 질문자 : 전문 분야에 몰두해 있는 모습, 개성 있고 독립적인, 유쾌한 인상.
2 재물 : 자신의 취미생활에 많은 금전을 소비하는, 소장가치 있는 물건을 많이 소유한
3 의사소통 : 대화 속에 전문용어를 섞어가며 이야기하는.
4 가정 : 독립적인 현대식 소가족 형태, 편모나 편부 가정, 형제간의 유학가정 등.
5 연애 : 구속적인 것을 싫어하는 연애 스타일.
6 건강 : 발목 주위 질환 가능, 저혈압, 빈혈, 신장질환.
7 파트너 : 자신에게 잘 맞추어주는 배우자, 자신과 잘 맞는 동업자.
8 유산 : 독창적이고 실용적인 감각.
9 배움 : 새로운 것을 만들어 보편화 시킬 수 있는 학문.
10 직업 : 새롭게 개혁하여 삶을 이롭게 만드는 직업.
11 모임 : 전문성이 가미된 동호회 집단, 친구들.
12 ? 전생 : 왕권에 도전하는 반란을 주도 하는 인물.

☉ / ♓
나는 추구한다 / 믿음과 신뢰가 있는 삶을

그럼 썬이 파이시즈에 있을 때는 어떨까?

썬/파이시즈는 타인과 공감을 통해 그들이 치유되는 모습을 보며 최고의 기쁨을 느낀다. 그들은 남다른 영감을 가지고 있으며 무의식과 의식의 통로가 다른 싸인 보다 더 많이 개방되어져있다. 또 어떤 상황에서도 그 일에 관련된 결과를 감으로 미리 예측할 수 있다. 신비주의적이고 환상적인 일에 관심이 많다. 하지만 가장 원하는 것은 자신을 타인이 이해해주기를 원하고 타인과 영적교감 즉, 공감하며 같은 곳을 바라볼 때 삶의 성취감을 느낀다. 또한 타인을 느끼는 본능적인 감각을 지녀 상대방의 상처를 어루만져주고 좀 더 나은 삶을 사는데 도움을 주는 것으로도 만족한다. 훌륭한 종교인이나 참된 봉사자로써 좋은 자질을 지니고 있다.

하우스 핵심어에서 찾아보기

1 질문자 : 평범하고 눈에 띄지 않는 외모
2 재물 : 노력해서 만들어 낸 재산이 아닌 가끔 우연히 행운이 따르는 재물
3 의사소통 : 어떠한 말에도 공감해주는, 상대방 입장을 생각해서 이야기하는 사람
4 가정 : 영적인 가족, 애정과 보이지 않는 믿음이 어우러진 가정
5 연애 : 서로의 상처를 공유하며 싹튼 사랑
6 건강 : 발 관련 질환 가능, 중독성, 면역기능 악화, 거식이나 폭식증
7 파트너 : 동정심이 많고 다양한 사람들과 모두 친한 배우자, 계산적이지 못한 동업자
8 유산 : 자연과 우주의 기운을 잘 느끼는 감각
9 배움 : 다양한 학문을 배워 스스로 조합해서 새로운 학문을 만들어 낼 수 있는
10 직업 : 영혼의 치료사, 작은 사랑방 같은 가게 사장 등
11 모임 : 힘들고 어려울 때 만난 친구들
12 전생 : 마법사나 주술을 다루었던 인물이며 예지나 치유능력자였음

MOON

☽ / ♈
나는 편안하다 / 새로운 일에 도전할 때

그럼 moon이 에리즈에 있을 때는 어떨까?

　　moon/에리즈는 어린 시절 창의적 교육을 받은 이들에게서 나타난다. 새롭고 창의적인 일을 했을 때 그들의 부모는 응원해주고 관심을 준다. 그들은 어른이 되어서도 새롭고 신기한 것들을 접하는 것을 매우 좋아한다. 그들은 혼자 있거나 무의식적으로 선택할 수 있는 상황이 될 때 새롭고 신기한 일을 선택할 확률이 높다. 그들은 그런 환경 속에 있을 때 가장 편안함을 느끼기 때문이다.

하우스 핵심어에서 찾아보기

1 질문자 : 평범하고 눈에 띄지 않지만 대화 속에 개성이 묻어나는 인상.
2 재물 : 금전 감각이 탁월한 편, 느낌이 잘 맞는 과감한 투자(부동산, 단타 주식 등)
3 의사소통 : 말보다 행동으로 보여주는 소통상태.
4 가정 : 각자 개성이 강한 가족이지만 강한 유대감이 있으며 서로 믿음이 충만함.
5 연애 : 사귈수록 독특한 연애, 개성적이 정신세계를 소유한 연인.
6 건강 : 두통, 머리 쪽 질환 가능, 사고나 부상 주의.
7 파트너 : 사귈수록 충동적이고 안정감 없는 배우자, 상대하기 어려운 동업자.
8 유산 : 독창적인 미적 감각, 대중이 이해하기 어려운 앞선 예술감.
9 배움 : 새로운 명상이나 철학적인 학문.
10 직업 : 창작성을 요하는 새로운 직업, 직업이 자주 바뀌는.
11 모임 : 자신과 정신세계가 비슷한 친구들.
12 전생 : 얼굴이나 두상에 관련된 비밀이 있어 숨기고 살아야했던 사람.

☽ / ♉
나는 편안하다 / 여유 있는 삶을 살 때

그럼 moon이 토러스에 있을 때는 어떨까?

moon/토러스는 물질적이고 정서적으로 안정된 가정에서 커온 사람에게 나타난다. 그들은 기꺼이 노동을 즐길 줄 알고 땅의 소중함을 이해하고 있으며 인간의 감각적 향락을 즐길 수 있다. 그리고 그 즐거움 속에 있을 때 가장 편안함을 느낀다. 그들은 조금이라도 현재의 안정감을 잃을 수 있다는 위기감을 느낄 때 굉장히 불안해한다. 그들이 소유한 것을 잃는다는 생각만으로도 그들은 불행하다고 느낀다.

하우스 핵심어에서 찾아보기

1 질문자 : 신상품으로 꾸민 외모.
2 재물 : 물질적인 행운이 따르는.
3 의사소통 : 자신과 생각이 비슷한, 소통이 잘되는 사람들.
4 가정 : 예술과 사랑이 풍부한 가정에서 자란다.
5 연애 : 경제력 있고 미적 감각이 있는 사람에게 끌리기 쉽다.
6 건강 : 얼굴에 관련된 질환 가능, 몸의 통증, 비만 등.
7 파트너 : 자신과 공감이 잘되며 편안한 느낌이드는 배우자, 동업자.
8 유산 : 낭비벽, 사치벽, 금전 개념이 약한.
9 배움 : 물질적인 환경을 안정시키는 학문연구, 관심.
10 직업 : 개인적인 주식, 펀드 (금융관련업).
11 모임 : 감각적으로 노는 것을 좋아하는 친구나 모임.
12 전생 : 아름다워지기 위해 악행을 저지르는 인물.

☽ / ♊
나는 편안하다 / 소통이 자유로울 때

그럼 moon이 제머나이에 있을 때는 어떨까?

moon/제머나이는 어린 시절 가족과 많은 대화를 나누며 성장한 싸인에서 나타난다. Moon/제머나이는 기본적으로 소통이 자유로워야한다. 서로 의사를 표현하고 같은 의견을 가지고 있다는 사실에 일치감을 느끼며 굉장히 만족스러워한다. 그들의 문제점은 무엇인가 하나에 깊이 몰입하는 시간이 짧다는 것이다. 물론 그들이 머리가 좋은 이유도 있겠지만 다양한 호기심은 한 자리에 가만있게 하지를 않는다.

하우스 핵심어에서 찾아보기

1. 질문자 : 사람을 가리며 이야기하는, 친한 사람과 낯선 사람의 경계가 심한.
2. 재물 : 좋은 정보를 얻어 어느 정도 안정적인.
3. 의사소통 : 힘들 때 도움을 주는 격려해주는 소통상태.
4. 가정 : 대화가 많은 재미있는 가정, 대화로 어려움을 풀고 성장해가는 가정.
5. 연애 : 말로만 잘 하는 연인이나 자녀.
6. 건강 : 목과 관련된 질병이 있을 가능성이 있다. 건강한 편이다. 신경 예민.
7. 파트너 : 대화로 풀어가는 배우자, 동업자.
8. 유산 : 말을 본의 아니게 아끼는 습관.
9. 배움 : 체계적이지 못한 교육, 대물림으로 배우는 학문.
10. 직업 : 소규모 부하직원을 관리하는 팀장급.
11. 모임 : 편하게 이야기 할 수 있는 모임, 친구.
12. 전생 : 만담가로써 재미있는 이야기를 들려주었던 사람.

☽ / ♋
나는 편안하다 / 서로 보호하고 보살핌 받을 때

그럼 moon이 캔서에 있을 때는 어떨까?

moon/캔서는 어린 시절 매우 가정적이고 식구들 간의 유대를 중시하는 가정에서 자랐다는 것을 암시한다. 그들은 집에 있는 것처럼 익숙한 공간에 있을 때 정신적인 안정감을 얻는다. 감수성이 풍부하고 타인에 의해 자신이 감정적으로 상처받는 것을 매우 두려워한다. 그래서 친밀한 사람들에게 지극한 관심을 가지고 보살피기도 하지만 동시에 지극히 패쇄적인 모습을 보인다. 보통 그들은 친밀한 누군가로부터 배반당한 경험을 가지고 있다.

하우스 핵심어에서 찾아보기

1 질문자 : 낯을 가리는 인상, 표정을 잘 드러내지 않는.
2 재물 : 안정적인 투자, 부동산 투자, 투자 감각이 탁월한.
3 의사소통 : 모든 비밀을 공유하는 사이(가출, 첫사랑, 싸움, 어린시절 기억 등).
4 가정 : 지나치게 정이 많은 가정, 흥부네 식구들(가끔 대박을 맞는).
5 연애 : 모성애적이며 집착하는 사랑.
6 건강 : 위장쪽 질환, 만성일 가능성 있음, 알러지, 약복용 주의.
7 파트너 : 지나치게 감정적인 배우자, 의처, 의부증 가능.
8 유산 : 재산을 지키는 감각.
9 배움 : 가정과 관련된 교육, 심리학, 아동학, 식품영양학 등.
10 직업 : 가정과 일을 함께 할 수 있는 직업, 아파트내 어린이집.
11 모임 : 식구와 같은 모임이나 친구들, 절친.
12 전생 : 불행한 가정생활을 보낸 인물.

☽ / ♌
나는 편안하다 / 모든 사람들이 나를 인정할 때

그럼 moon이 리오에 있을 때는 어떨까?

moon/리오는 어린 시절부터 넘치는 사랑 속에 밝고 사랑스럽게 성장해왔기 때문에 사랑을 받은 것만큼 주는 것도 잘한다. 하지만 그것은 언제나 자신이 주인공이 된 상태에서만 가능한 일이다. 만약 주목받는 다른 라이벌이 나타난다면 상대를 깎아내리려 하는 면모를 보이기도 한다. 물론 이성일 때는 배우자로 간택하기도 하지만 동성인 경우는 거의 그렇다. moon/리오가 자신의 이기심을 극복할 수 있다면 가장 멋진 지도자가 될 수 있을 텐데…

하우스 핵심어에서 찾아보기

1 질문자 : 강렬하고 멋진 모습, 시선을 사로잡는 매력.
2 재물 : 수입과 지출이 같거나 사치스러운, 과시적인 소비.
3 의사소통 : 서로 자기 자랑하는 듯이 말하는 대화.
4 가정 : 개성이 강한 가족, 보이는 것이 중요한 가정.
5 연애 : 드라마의 주인공들이 하는 사랑, 자랑스러운 자녀.
6 건강 : 장기쪽 질환 가능, 비만, 혈액순환계기.
7 파트너 : 사치스럽거나 낭비벽이 있는 상대, 실속 없는 동업자.
8 유산 : 창의성, 소비 습관, 유전적인 외모.
9 배움 : 자신을 돋보이게 하는 학문, 영화, 작가, 방송 분야의 공부.
10 직업 : 방송, 엔터테인먼트 분야, 자영업 CEO.
11 모임 : 사회적으로 성공한 사람들 모임, 성공한 친구.
12 전생 : 사랑하는 연인을 라이벌에게 뺏긴 경험.

☽ / ♍
나는 편안하다 / 규칙적인 삶 속에 있을 때

그럼 moon이 버고에 있을 때는 어떨까?

moon/버고는 어린 시절 매우 깨끗하고 정리가 잘된 가정에서 성장한 이들이 많다. 가정은 물질적으로 모자람이 없으며 주로, 의사, 변호사, 연구원 등의 분석적인 일을 직업으로 삼은 부모를 두는 경우가 많다. 그래서 그들은 자라면서도 보건에 관심을 많이 갖게 되고 자신이 정해 놓은 규칙 속에서 그것을 지키며 살아갈 때 안정감을 얻는다. 그들은 새로운 것을 경험하는 것보다 자신의 규칙성을 따르는 선택을 하기 때문에 편협한 가치관과 사고를 가질 수 있다. 항상 도전하라! 그것이 당신을 자유롭게 하는 열쇠가 될 것이다.

하우스 핵심어에서 찾아보기

1 질문자 : 보통 단정한 외모, 자기만의 규칙성을 따르는 모습.
2 재물 : 약간 투기성 있는 펀드, 자신이 노력한 것 이상의 대가.
3 의사소통 : 자기보다 수준이 높은 지적 대화를 즐기는.
4 가정 : 가정에서 많은 대화와 정보를 나누는 화목한 가정.
5 연애 : 자신의 규칙에 맞추려는 조금 지루한 연애.
6 건강 : 장기 질환 가능, 신경과민, 불안, 정신적 건강.
7 파트너 : 배우자 위주의 연애, 맞추기 어려운 상대, 동업자.
8 유산 : 고집스런 성격을 물려받음.
9 배움 : 논리적이고 규칙성이 있는 학문.
10 직업 : 자신만의 스타일로 할 수 있는 일.
11 모임 : 봉사활동 단체, 사회복지에 기여하는 모임.
12 전생 : 음주가무로 재산을 탕진한 사람.

☽ / ♎
나는 편안하다 / 모든 일들이 조율이 잘 되고 있을 때

그럼 moon이 리브라에 있을 때는 어떨까?

moon/리브라는 자신이 타인들의 문제를 이성적으로 대면하고 해결할 때 비로소 내가 할 일을 해내고 난 뒤의 뿌듯함을 갖는다. 그들은 해결사 역할을 하고 그렇게 인정되어 지는 단체에 속해 있을 때 안정감을 느낀다. 그들은 심하게 표현하면 타인의 고민 속에 자신이 참여할 때 편하다고나 할까? 만일 그들에게 해결해야 할 일이 없을 때에는 참 심심하고 모든 일이 2% 부족하게 느껴질 것이다. 그래서 모임에서도 매우 성향이 다른 친구들 사이에 조율자 역할을 하는 것을 좋아하는 것이다.

하우스 핵심어에서 찾아보기

1 질문자 : 잘 받아주며 대화하기 좋은 편안한 인상.
2 재물 : 보통 이상, 중산층, 안정적인 금전 상태.
3 의사소통 : 동성보다는 이성과 대화가 더 잘 통하는, 그저 맞추어주는 대화.
4 가정 : 서로 존중해주는 가풍.
5 연애 : 서로에게 맞추어주는 연애.
6 건강 : 신장 쪽의 질환 가능, 스트레스, 감정적 혼란.
7 파트너 : 자신과 매우 잘 맞는 배우자, 비슷한 동업자.
8 유산 : 우유부단한 성격을 물려받음.
9 배움 : 심리상담, 정신과, 철학과, 형이상학적인 학문을 좋아함.
10 직업 : 감정평가사, 부동산 권리분석, 직업소개소 등 컨설팅 분야.
11 모임 : 다양하고 폭 넓은 친구들, 모임.
12 전생 : 바람둥이 기질 때문에 다른 사람의 원망을 많이 산 사람.

☽ / ♏
나는 편안하다 / 한 가지 일에 몰두할 때

그럼 moon이 스콜피오에 있을 때는 어떨까?

moon/스콜피오는 죽음과 관련된 것에 친숙한 경험을 가지고 있다. 그들은 다른 문싸인보다 더욱 깊은 영향을 받기 때문에 그렇다. 그들은 죽음과 관련된 것에서 생각하고 느끼며 현실에서도 깊은 정서적인 의미를 부여하곤 한다. 그들은 생각하는 것을 좋아하며 모든 것을 있는 그대로가 아니라 그 이면에 숨은 의미를 찾으려한다. 그들은 숨은 의미를 통해서 순수한 상태의 진실과 믿음을 보려하기 때문이다. 그들에게 얄팍한 속임수는 통하지 않는다. 오직 진실하고 신뢰의 상태만이 그들을 편하게 한다.

하우스 핵심어에서 찾아보기

1 질문자 : 말은 별로 없지만 강한 존재감을 나타내는 스타일.
2 재물 : 신뢰하는 사람에게 무조건적으로 맡기는 형태, 가끔 사기도 맞고 가끔은 대박도…
3 의사소통 : 별로 말이 없지만 한마디에 핵심이 들어 있는 어투.
4 가정 : 가정사에 아픔을 이겨내고 믿음으로 다져진 가족.
5 연애 : 사랑의 시련을 겪고 있는.
6 건강 : 생식기 관련 질환 가능, 성적인 질병, 모욕과 상처에 민감.
7 파트너 : 상대하기 어려운 배우자, 동업자 (감정적으로 몰아붙이는 경향).
8 유산 : 너무 앞서간 예술혼, 인정받지 못하는 예술성, 사후에 인정받는.
9 배움 : 종교와 명상에 관련된 학문.
10 직업 : 프리랜서, 시간과 공간에 얽매이지 않는.
11 모임 : 가볍지 않고 진지한, 정말 진실한 몇몇의 사람들.
12 전생 : 너무 감정적으로 심약해서 마음의 상처를 많이 받은 사람.

나는 편안하다 / 이국적이고 낯선 곳에 있을 때

그럼 moon이 세저테리어스에 있을 때는 어떨까?

moon/세저테리어스는 어린 시절 자연 친화적으로 자란 사람들에게서 많이 찾아볼 수 있다. 그들은 곤충과 동식물들을 사랑하며 산과 들에 텐트치고 야영할 때 정신적인 편안함을 얻는다. 그들은 이러한 환경을 찾아 이사를 다니며 어떠한 선택적 상황에서도 항상 자연과 가까운 그런 환경을 선호한다. 그들은 대기업에 다닌다 하더라도 조직생활이 잘 맞아서 다니는 것이 아니라 구속받지 않을 새로운 환경을 찾아 떠나기 위해 선택한 것이라고 봐도 무방할 것이다. 그들에게 자유로움은 생명과도 같다. 자유로울 수 있는 곳이면 어디라도 그들은 편안할 것이다.

하우스 핵심어에서 찾아보기

1 질문자 : 자유로운 집시와 같은 느낌, 가볍고 즐겁고 유쾌한 느낌.
2 재물 : 자신의 목적을 이룰 수 있을 만큼의 재물(여행 비용마련, 이민자금 마련).
3 의사소통 : 다양한 친구들과 다양한 언어를 구사할 수 있는 능력.
4 가정 : 자연주의적이고 친환경적인, 이사를 많이 다니는 가정.
5 연애 : 현실도피적인 연애 (현재의 상황을 잊기 위해 연애에 몰두하는).
6 건강 : 고관절과 대퇴부쪽 질환, 류머티즘, 골절, 좌골 신경통.
7 파트너 : 항상 어디론가 떠나고 싶어 하는 배우자, 약간 무책임한 동업자.
8 유산 : 미지의 세계에 대한 탐구 열정, 자연주의자, 탐험가 기질.
9 배움 : 고고학, 천문학, 탐험적인 학문, 모험적이고 낯선 학문.
10 직업 : 교수, 선생님, 가르치는 전문직, 출장이 많은 직업.
11 모임 : 여행 동호회, 산악회, 사진 동호회, 다국적 친구들.
12 전생 : 방랑자처럼 새로운 곳에서 사랑을 만들고 떠나는 나그네.

☽ / ♑
나는 편안하다 / 조직에 속해 있을 때

그럼 moon이 케프리컨에 있을 때는 어떨까?

moon/케프리컨는 어린 시절에 엄격한 가정교육을 받은 이들이 많다. 그들은 계획적이고 자신이 통제될 수 있는 상황 속으로 숙지하고 들어가 있는 것을 편안해하며 창의성은 별로 없지만 과거의 경험과 문화를 존중하고 전통을 따르는 것에 자부심을 갖는다. 어려운 일 일수록 고도의 집중력과 인내를 발휘하여 조직에서 인정받기 때문에 스스로 군대에 남기를 원하고 대기업이나 공무원 생활을 선호한다.

하우스 핵심어에서 찾아보기

1 질문자 : 예의바르며 절도 있는 태도, 단정한 옷차림.
2 재물 : 많이 움직일수록 재물을 모으는 스타일, 부지런하고 성실하게 모으는 재산.
3 의사소통 : 예의바른 내용이 항상 들어있는 대화.
4 가정 : 예의범절을 중요시하는 집안.
5 연애 : 신분상승을 원하는 연애.
6 건강 : 무릎이나 다리쪽 질환 가능, 우울증, 신경통, 관절염, 과로.
7 파트너 : 권력지향형 배우자, 최고의 자리에 있는 배우자, 동업자.
8 유산 : 권력욕, 참을성.
9 배움 : 경영학, 정치학계열, 사관학교 계열, 군대식 교육법 등.
10 직업 : 상점이나 규모가 작은 기업의 사장 등.
11 모임 : 학교 동창회, 사내 모임, 군대모임 등 작은 조직의 모임.
12 전생 : 종교를 통해 사람들을 지배하는 인물.

)) / ≈≈

나는 편안하다 / 합리적이고 실용적인 세상으로 변할 때

그럼 moon이 어퀘리어스에 있을 때는 어떨까?

    moon/어퀘리어스는 정상적인 가정에서 성장했다기보다는 한부모가족, 계부모가족, 수정확대가족, 수정핵가족 등 전통적인 가정환경이 아닌 곳에서 성장한 이들이 많다. 그들은 전통보다는 실용적이고 독립적으로 자랄 수밖에 없고 수직적 사고관이 아닌 수평적인 사고관을 형성하여 차별없는 한 개인으로 대우 받기를 원한다. 자기만의 공간을 필요로 하며 타인의 생활에도 독립성을 지켜준다. 대부분이 전문성을 가진 모임을 좋아하고 그런 모임이 익숙하고 편안하다. 하지만 너무 지나친 관심과 캔서적인 보호, 양육은 힘들어한다.

하우스 핵심어에서 찾아보기

1 질문자 : 평범하고 자신이 하는 일에 관해 자존감이 있어 보이는 인상.
2 재물 : 자신의 취미생활이 돈벌이와 연결되는, 희귀물건을 많이 소유한.
3 의사소통 : 주로 자신의 전문 분야에 관해 이야기함으로 대화 상대가 한정적이다.
4 가정 : 혼자 독립적인 삶을 살고 싶어 한다. 하지만 상황은 그렇지 못하다.
5 연애 : 구속적인 것을 싫어하는 연애 스타일.
6 건강 : 발목주위 질환 가능, 저혈압, 빈혈, 신장질환.
7 파트너 : 감정이 절제되어 서로 타협적인 배우자, 동업자.
8 유산 : 시대의 불합리함을 개혁하고자 하는 용기.
9 배움 : 새로운 것을 만들어 보편화 시킬 수 있는 학문.
10 직업 : 야당, 소비자고발센터, 여성의 집, 복지관련업 등.
11 모임 : 전업이 아닌 마니아한 취미를 즐기는 모임친구들.
12 전생 : 반란군, 혁명가….

☽ / ♓
나는 편안하다 / 비현실적인 것을 즐길 때

그럼 moon이 파이시즈에 있을 때는 어떨까?

moon/파이시즈는 어린 시절 몽환적이고 신비로운 상상의 세계에 흠뻑 젖어서 살아온 경험을 갖는다. 그들은 현실적이지 않은 세계에 대한 일종의 동경심을 가지고 있다. 그들은 경쟁심이나 현실에 살면서 익혀야할 기본적인 배움을 왜 익혀야 하는지 잘 모른다. 단지 그들은 느낀다. 이 세상의 흐름과 유행, 감각, 분위기 등을. moon/파이시즈는 연민이나 동정심도 많아서 자신을 희생하는 것을 두려워하지 않는다. 그들은 편안하게 꿈을 꿀 수 있는 환경이 조성될 때 가장 행복하다.

하우스 핵심어에서 찾아보기

1 질문자 : 긴장 없이 소탈하고 잘 웃는 인상.
2 재물 : 자신이 원하면 얼마든지 재물을 쌓을 수 있는 사람.
3 의사소통 : 상대방의 상태를 본능적으로 알 수 있는 직관력, 상대는 잘 모를 수 있다.
4 가정 : 눈빛만 봐도 서로의 상태를 알 수 있는 가족.
5 연애 : 사랑을 하면서 동시에 고통을 느낀다.
6 건강 : 발 관련 질환 가능, 중독성, 면역기능 약화, 거식이나 폭식증.
7 파트너 : 한사람의 애인이 아닌 만인의 애인, 동업하기에 너무 계산적이지 못한 상대
8 유산 : 기운을 잘 느끼는 (신들림, 예지몽, 탁월한 직관력 등).
9 배움 : 신비주의 학문, 영적인 학문, 철학이나 명상적인 학문을 주로 좋아한다.
10 직업 : 치료사, 타로마스터, 힐러, 의사 등.
11 모임 : 힘들고 어려운 친구들.
12 전생 : 영혼의 치료사, 무속인, 마녀라 불린 사람.

MERCURY

☿ / ♈
나는 표현한다 / 강렬하고 직선적으로

그럼 머큐리가 에리즈에 있을 때는 어떨까?

머큐리/에리즈인 사람들은 의사소통을 창의적으로 대담하게 한다. 생각하고 말하는 것이 곧 자신을 나타내기 위한 하나의 방법이기 때문에 주로 '나는 이렇게 생각해!' '내가 했어!' 등의 표현이 자주 등장하며 대화 도중에도 생각나는대로 여과 없이 말들이 쏟아내기 때문에 논쟁이 되기도 하고 오해가 싹트기도 한다.

하우스 핵심어에서 찾아보기

1 질문자 : 개성있고 생동감 있는 인상, 말과 행동이 민첩한 분위기.
2 재물 : 정보를 통해 쉽고 무모하게 도전하는 경향, 말로 버는 재물.
3 의사소통 : 독창적인 아이디어로 주위사람을 즐겁게 만드는 사람.
4 가정 : 요즘 새로운 변화가 많은 가정, 이사, 결혼, 이혼 등.
5 연애 : 말이 앞서는 연애, 서툰 연애방법, 아직 미성숙한 자녀.
6 건강 : 두통, 머리 쪽 질환 가능, 사고나 부상 주의.
7 파트너 : 말과 행동이 다른 배우자, 동업하기 어려운 상대.
8 유산 : 창조적이고 예술적인 것을 잘 표현하는 감각.
9 배움 : 정보산업 분야의 교육, 최신의 정보를 이용한 강의.
10 직업 : 새로운 정보를 알리는 업종(기자, 현지 정보원, 통신원 등).
11 모임 : 개성적이고 독특한 말투의 친구들.
12 전생 : 머리가 비상한 세상 풍자 작가.

☿ / ♉
나는 표현한다 / 육감적이고 구체적으로

그럼 머큐리가 토러스에 있을 때는 어떨까?

머큐리/토러스인 사람들은 말을 할 때 표현을 매우 감칠맛 나게 한다. 특히 오감을 표현하는 말솜씨는 마치 실제로 먹는 듯, 느끼는 듯이 하기 때문에 그들과의 대화는 참 재미있다. 요즘 잘나가는 학원 강사들 중에 수성 토러스가 많은 이유가 구체적인 예를 들어서 쉽게 머리에 떠올릴 수 있듯이 이야기하기 때문이다. 그들은 추상적적인 학문을 입체감 있게 이야기하는 재주가 있기 때문에 쉽게 기억할 수 있게 만든다. 주위를 둘러보라! 당신을 위한 준비된 학습은 세상 곳곳에 널려있다.

하우스 핵심어에서 찾아보기

1 질문자 : 평범하고 깔끔한 외모이지만 말투가 거칠.
2 재물 : 정보를 이용한 재물, 어느 정도 자리가 잡힘.
3 의사소통 : 매우 실감나게 이야기를 잘 하는 사람, 누구하고나 잘 어울리고 호감가는
4 가정 : 경제적으로 어려운 가정.
5 연애 : 경재력 있어 보이는 사람에게 끌리기 쉽다. 실체를 파악하라!
6 건강 : 얼굴에 관련된 질환 가능, 몸의 통증, 비만 등.
7 파트너 : 외모가 준수한 배우자, 잘 어울리는 배우자, 동업자.
8 유산 : 스스로 자수성가 하세요! 당신을 위해서~.
9 배움 : 경제나 금융업에 관련된 학문.
10 직업 : 세무, 금융계통, 경리계통의 상담업무.
11 모임 : 경제나 금융관련 모임이나 친구들.
12 전생 : 정치인과 손잡고 많은 돈을 번 사람.

나는 표현한다 / 다양하고 재미있는 방법으로

그럼 머큐리가 제머나이에 있을 때는 어떨까?

머큐리/제머나이인 사람들은 정말 달변가이다. 어떠한 주제라도 말이 막히는 경우가 없으며 방대한 정보량은 어떠한 싸인보다 많다. 그들은 장소와 연령, 이야기 내용에 상관없이 정보가 소통되는 어떠한 것이라도 좋아하며 요즘 나오는 인터넷 폰, 노트북, PDA, 스마트폰 등의 기기를 다루는 것에 매우 능숙하다. 그들은 시대의 흐름에 매우 민감하며 어떠한 문제가 제시가 될 때 논의하고 댓글을 다는 뉴제네레이션이다. 특히, 외국어에 능통하다. 이렇게 별자리는 실제적인 생활 속에서 습득하고 정신세계를 확장시키는 학문이다.

하우스 핵심어에서 찾아보기

1 질문자 : 대화의 방식이 밉지 않게 재미있는, 웃긴, 사랑스러운.
2 재물 : 재산 증식의 정보에 감각이 있는, 금융계통의 자산.
3 의사소통 : 정확하고 다양한 많은 정보가 있는, 믿을 수 있는 사람이라 여김.
4 가정 : 대화가 너무 많은 가정.
5 연애 : 최신 영화나 음악, 게임 등 다양한 오락을 즐기는 연애, 노래 잘 함.
6 건강 : 목과 관련된 질병이 있을 가능성이 있다. 건강한 편이다.
7 파트너 : 생각이나 취향이 비슷한 배우자, 조화로운 파트너.
8 유산 : 말을 쉽게 잘 하지 않는 경향, 말에 의미를 부여하는 타입.
9 배움 : 관광이나 다른 나라의 정보에 관심이 많은, 외국 정보를 배워 국내에 소개하다.
10 직업, 사회성 : 여행사 상담직, 외국정보 관련 서적 출간, 수입업 등.
11 모임 : 다양한 정보교류 모임, 말하기 좋아하는 친구들.
12 전생 : 유명한 화류계의 여인, 논개와 같은.

☿ / ♋
나는 표현한다 / 친한 사람들과 함께 있을 때

그럼 머큐리가 캔서에 있을 때는 어떨까?

머큐리/캔서인 사람들은 정말 장소를 많이 가리는 싸인이다. 그들은 자신이 친숙하다고 느껴지는 공간에서는 정말 차근하게 말을 잘 한다. 하지만 낯선 공간에서는 이야기를 듣기만 할뿐 자신의 생각을 입 밖으로 잘 꺼내지 않는다. 그들은 친숙함에 따라 달변가가 되기도 했다가 합죽이가 되기도 한다. 그들이 생각하고 기억을 저장하는 방법은 과거의 추억과 연관 지어진 방법들로 이루어진다. 예를 들어 어떤 노래를 통해 과거의 모든 기억이 되살아나는 식으로. 그들은 기억력이 가장 좋은 싸인이다.

하우스 핵심어에서 찾아보기

1 질문자 : 가정적인 이미지, 식탁에서도 사람들에게 세팅해주는.
2 재물 : 독단을 가족회의를 통한 투자, 보통의 재물.
3 의사소통 : 친한 사람들 사이에 엄마 역할을 하는.
4 가정 : 집에서 대화를 많이 하는, 집밖에서는 얌전한.
5 연애 : 모성애적인 연애, 잘 챙겨주고 살갑게 하는 사랑.
6 건강 : 위장쪽 질환, 만성일 가능성 있음, 알러지, 약복용 주의.
7 파드너 : 일방적으로 잘 해주는 애인, 배우자, 동업자.
8 유산 : 가업을 계승 발전시키는.
9 배움 : 가업과 관련된 학문요리사 집안, 직업과 연관 되어지는 학문.
10 직업 : 목수 집안, 목욕탕 집안 등 가족 사업, 식구들과 하는 일.
11 모임 : 식구나 직장 같은 모임이나 친구들, 절친.
12 전생 : 엄마와 둘이 살며 깊은 모성애를 느낀 사람.

☿ / ♌
나는 표현한다 / 주목받을 수 있게

그럼 머큐리가 리오에 있을 때는 어떨까?

머큐리/리오인 사람들은 화려한 언변술을 자랑한다. 마치 무대 위에 있는 사람처럼 다른 이들의 시선을 느끼며 당당하게 자신을 표현한다. 그들은 창의적 분야에서 글 쓰는 직종, 정치인, 아나운서, MC 등이 머큐리 리오가 많이 하는 직업군이다. 그리고 그들이 법정에 선다면 유능한 변호인이 될 것이다.

하우스 핵심어에서 찾아보기

1 질문자 : 말과 행동을 멋지게 하는, 귀티 나는 모습.
2 재물 : 소비적이고 과시적인, 실속 없는 수입.
3 의사소통 : 대화할 때 강한 흡인력을 가진, 고상하게 사람들과 소통하는 사람.
4 가정 : 어느 장소에서건 눈에 띄는 가족, 조금 시끄럽고 물건 살 때 까다로운 편.
5 연애 : 낭만적인 편지나 메일이 오가는 사랑.
6 건강 : 장기쪽 질환 가능, 비만, 혈액순환기계.
7 파트너 : 입에 발린 말을 잘 하는 배우자, 동업자.
8 유산 : 자신이 원하는 것을 어떻게 해서라도 구매하는, 금전 감각이 떨어지는.
9 배움 : 자신이 멋져 보이는 학문.
10 직업 : 노력 없이 주어지는 지위(낙하산 발령, 바지 사장).
11 모임 : 골프, MTB 바이크, 오토바이 등 , 과시적이고 권위적 모임(F4, 칠공주모임 등).
12 전생 : 말 많은 정치인으로 사회적으로 큰 물의를 일으키는 사람.

☿ / ♍
나는 표현한다 / 나만의 방식으로

그럼 머큐리가 버고에 있을 때는 어떨까?

머큐리/버고인 사람들은 특유의 고정적인 어조가 있다. 생각하는 방식도 표현하는 방법도 자신만의 틀이 있다. 그들은 신뢰하는 사람의 말투를 종종 사용한다. 경험을 통해 자신만의 영역을 하나하나 넓혀가는 버고의 특성 때문이다. 그래서 모범생이 많다. 하지만 창의적인 사고는 어려워한다. 창의성과 융통성이 부족하기 때문이다.

하우스 핵심어에서 찾아보기

1. 질문자 : 자기주장이 강한 어조, 고집스럽고 깐깐해 보이는 인상.
2. 재물 : 자신만의 안정적 재산 증식.
3. 의사소통 : 자기주장이 강한 편이나 어느 정도 소통이 가능한 경우.
4. 가정 : 가족끼리의 정형화된 사고.
5. 연애 : 자기주장이 강하여 다툼이 생길 수 있는 연애, 함께 취미 생활을 즐기면 어떨까?
6. 건강 : 장기 질환 가능, 매우 건강, 철저한 위생관리.
7. 파트너 : 자신만 생각하고 상대를 배려하지 않는 배우자, 동업자.
8. 유산 : 고집스런 말투를 물려받음.
9. 배움 : 자신의 가치관에 알맞은 교육 선호(자기계발을 위한 교육을 시켜주는 회사 등).
10. 직업 : 교육계통, 학습지선생님, 자신의 계획 하에 움직이고 성과를 알 수 있는.
11. 모임 : 자신을 좋아해 주는 모임, 별로 친하지 않은 형식상의 모임.
12. 전생 : 비밀은 꼭 지키려고 노력하는 하지만 말의 뉘앙스에서 곧 들통 나는 사람.

☿ / ♎
나는 표현한다 / 세련미 있고 조화롭게

그럼 머큐리가 리브라에 있을 때는 어떨까?

머큐리/리브라인 사람들은 감정적으로 치우치지 않고 논리적인 사고와 말솜씨는 주변 인들을 잘 설득시킨다. 타고난 그들의 공평성으로 타인들을 조정하는 탁월한 능력을 지녔기 때문에. 사건이 있는 장소에 나타나면 특유의 공평성으로 객관적으로 일을 잘 처리한다. 하지만 자신의 일은 매우 우유부단하다. 양쪽을 다 이해하고 결정하려는 성향 때문에 무엇을 포기해야 하는지 모르기 때문이다. 그들이 교재를 할 때는 상대방에게 맞추어주느라 자기의 의견을 잘 표현하지 못할 수도 있다.

하우스 핵심어에서 찾아보기

1 질문자 : 상대방을 배려해주며 세련되게 대화를 유도해나가는 스타일.
2 재물 : 보통이상, 중산층, 안정적인 금전 상태, 온라인을 이용한 투자 수익.
3 의사소통 : 누구와도 대화가 잘 통하는, 분쟁이나 싸움이 났을 때 중재자 역할.
4 가정 : 서로 존중해주는 가풍.
5 연애 : 서로 다투지 않게 심리적으로 조절하는 상황, 오래된 연인 같은 사랑.
6 건강 : 신장쪽의 질환 가능, 스트레스, 감정적 혼란.
7 파트너 : 서로 생각이나 의견이 비슷한 배우자나 동업자.
8 유산 : 감정 조절이 어려운 기질.
9 배움 : 미술사나 고대사처럼 아름다움을 시대적 상황에 맞추어 평가하는 학문.
10 직업 : 골동품업자, 희귀한 물건의 가치평가를 하는 직종.
11 모임 : 대부분이 일정한 거리를 두는 친구, 모임.
12 전생 : 이성과 관련된 비밀이 많은 사람.

☿ / ♏
나는 표현한다 / 함축적인 의미로

그럼 머큐리가 스콜피오에 있을 때는 어떨까?

머큐리/스콜피오인 사람들은 매우 말을 아낀다. 남을 이해시키기위한 말보다 자신만이 이해할 수 있는 압축된 시적 표현을 쓴다. 그들은 자신을 노출시키기보다는 타인을 꿰뚫어 보기위한 떠보는 말을 주로 던진다. 공기 싸인(제머나이나, 리브라, 그리고 어퀘리어스)들은 수성과 함께할 때 의사소통이 매우 편하고 즐겁다. 하지만 이렇게 물싸인(파이시즈, 캔서, 스콜피오)들은 수성이 그렇게 쉬운 일은 아니다. 물싸인은 너무 감정적이어서 합리적이고 개관적인 소통이 약간 어려울 수 있기 때문이다.

하우스 핵심어에서 찾아보기
1 질문자 : 사려깊고 신중한 대화로 좋은 인상을 심어줌.
2 재물 : 충동적인 판단으로 재물이 나갈 수 있음. 사기나 도박 주의.
3 의사소통 : 함축적인 표현을 깊이 있게 비유적으로 잘 담아내는(김춘수님의 꽃).
4 가정 : 가정사에 슬픔이나 사건이 많음.
5 연애 : 자신의 감정을 잘 표현하지 못하는 연애, 짝사랑, 외사랑.
6 건강 : 생식기 관련 질환 가능, 성적인 질병, 모욕와 상처에 민감.
7 파트너 : 보통의 배우자 동업자(약간 감정에 치우치는 경향).
8 유산 : 깊이 통찰한 내용을 잘 표현하는 능력을 물려받음.
9 배움 : 신비주의, 비주류 학문을 공부하는.
10 직업 : 신비주의, 비주류 정보를 수집 출판하는 직업.
11 모임 : 오래 알고지낸 몇 몇의 친구들.
12 전생 : 비밀애인과 남편 몰래 깊은 사랑을 하는 사람.

나는 표현한다 / 설명하듯이

그럼 머큐리가 세저테리어스에 있을 때는 어떨까?

머큐리/세저테리어스인 사람들은 철학적이고 이상적인 이야기를 좋아한다. 그래서 보통 현실적인 이야기에는 별로 관심을 보이지 않고 여행이야기나 학문적 이야기를 주도적으로 이끌어 나간다. 그들은 대화를 할 때 주로 자연에 비유하여 이야기하는 것을 좋아한다. 또한 그들이 소통하는 모습을 보면 참 여유 있고 지적으로 보인다. 그들은 재미있고 유머 있다.

하우스 핵심어에서 찾아보기

1 질문자 : 풍부한 상식으로 주위사람들을 재미있게 만드는 사람.
2 재물 : 외국의 정보를 통해서 재물을 만들어 나가는.
3 의사소통 : 사람들이 잘 모르는 낯선 정보가 많고 외국어에 능숙한 사람.
4 가정 : 자신이 유학 갈 준비 중이거나 가족이 멀리 떨어져 있는.
5 연애 : 장거리 연애, 외국인과의 사랑도 가능함.
6 건강 : 고관절이 약함, 칼슘제 섭취.
7 파트너 : 상대방과 떨어져 있고 싶은 상황, 동업을 정리하고 싶은 (마음일 뿐…).
8 유산 : 새로운 곳을 떠나고 싶어 하는 마음.
9 배움 : 외국이나 낯선 곳에서 호기심을 자극하는 새로운 학문 연구.
10 직업 : 낯선 학문을 가르치는 직업, 대학교수, 목사 등.
11 모임 : 다국적인 다양한 친구들, 동물과도 친구, 식물과도 친구.
12 전생 : 자신의 영혼이 성장하는 특별한 경험들을 많이 한 사람.

☿ / ♑
나는 표현한다 / 명령하듯이 강한 어조로

그럼 머큐리가 케프리컨에 있을 때는 어떨까?

머큐리/케프리컨인 사람들은 말을 매우 조리 있게 한다. 그들은 원인과 과정, 결과를 이야기한다. 아랫사람들에게 말을 지시적으로 하는 경향이 있어서 타인의 반감을 살 수 있다. 하지만 웃어른에게는 깍듯한 경어를 사용한다. 그들의 언어 체계는 군대조직에 잘 맞는다. 상하가 뚜렷하며 말에는 기승전결이 있다. 그들의 수직적 소통은 타인들에게 권력지향적이고 이중적으로 보일 수 있다.

하우스 핵심어에서 찾아보기

1 질문자 : 말을 직선적으로 하는 스타일. 타인에게 상처 주는 말을 실수로 하는 타입
2 재물 : 적당한 노력의 댓가를 얻는 사람!
3 의사소통 : 말을 조리 있게 잘하는 사람, 원만한 대인관계.
4 가정 : 부모님이 매우 엄격하고 보수적인 집.
5 연애 : 보수적이고 갑갑한 연애, 답답하게 구속하는, 한 쪽이 주도권을 완전히 장악하는.
6 건강 : 무릎이나 다리쪽 질환 가능, 우울증, 신경통, 관절염, 과로.
7 파트너 : 말로는 이길 수 없는, 권위적인 어조의 배우자, 동업자.
8 유산 : 생각이나 행동의 변화가 어려운, 정보를 받아들이기 어려운 사람.
9 배움 : 자신의 직위에 필요한 교육.
10 직업 : 대기업의 사원, 조직 내의 규율을 잘 따르는 직업.
11 모임 : 동창회 모임, 사내모임, 자신의 지위와 관련된 모임.
12 전생 : 더러운 일도 권력을 위해 마다않는 사람.

☿ / ♒
나는 표현한다 / 전문적으로

그럼 머큐리가 어퀘리어스에 있을 때는 어떨까?

머큐리/어퀘리어스인 주로 수평적인 사고관을 가지고 있다. 그들에게 인식되어지는 윗사람의 개념은 나이가 아니라 누가 더 많이 알고 있는가에 의해 결정되어진다. 그들은 자신들이 알고 있는 개념을 실용화시켜 생활에 편리하게 보편화 시키고자 한다. 그래서 주로 출판사나 정보를 전해주는 언론 쪽에서 일한다. 지금 현재 태양계는 어퀘리어스를 통과하고 있으며 지식과 정보 분야가 눈부시게 발달하고 있다.

하우스 핵심어에서 찾아보기

1 질문자 : 자신의 분야에서는 자신 있는 모습 그 외의 환경에서는 조금 낯설어하는.
2 재물 : 온라인을 이용한 금전 취득, 기복이 심한 타입(돈을 잃거나 벌기도 하는).
3 의사소통 : 일상적으로 거리를 조금 두는 인간관계, 자신의 일에 간섭하는 것을 싫어함.
4 가정 : 각자의 생활에 바쁜, 서로의 개성을 인정하는 독립적 분위기의 가정.
5 연애 : 서로 각자 개성적인 삶을 살며 구속하지 않는 스타일의 사랑.
6 건강 : 발목주위 질환 가능, 저혈압, 빈혈, 신장질환.
7 파트너 : 자신과 닮은 독립적인 사고를 가진 상대자.
8 유산 : 독창적이나 실용성과 관련 없는 기질.
9 배움 : 새로운 정보과학분야.
10 직업 : 전문 출판계열, 새로운 정보를 사람들에게 알리는 직업, 온라인 사업.
11 모임 : 온라인을 통한 전문 카페 활동, 동아리 활동.
12 전생 : 진취적인 생각으로 시대를 앞서나갔으나 불운하게 죽은 사람.

☿ / ♓
나는 표현한다 / 느낌대로

그럼 머큐리가 파이시즈에 있을 때는 어떨까?

머큐리/파이시즈인 사람들은 상대방의 감정을 쉽게 공감하고 이해하는 능력이 탁월하다. 상대방의 말을 모두 수용하며 자신과 의견이 다르더라도 딱 부러지게 표현하기 보다는 두루뭉실한 추상적 단어로 나타내기 때문에 상대방은 정확한 의도를 알아채지 못한다. 그들은 상상력이 매우 뛰어나기 때문에 생생하게 환상의 세계를 표현할 수 있는 능력을 지녔다. 그리고 별다른 의사소통 없이도 상대방의 기분이나 분위기를 알아차릴 수 있다.

하우스 핵심어에서 찾아보기

1 질문자 : 눈에 띄게 지적이고 성실해 보이는 인상, 호감형.
2 재물 : 투자에 운이 따르는 사람.
3 의사소통 : 주변사람들과 감정적 교류가 충만한, 심리적으로 만족스런 관계.
4 가정 : 가족 간에 믿음과 신뢰가 있지만 서로 대화는 많지 않은.
5 연애 : 서로 공감대가 잘 형성되는 관계, 이제 막 시작하는 연인.
6 건강 : 발 관련 질환 가능, 중독성, 면역기능 약화, 거식이나 폭식증.
7 파트너 : 우유부단하여 맺고 끊음이 어려운 상대자.
8 유산 : 영적인 감각이 좋은, 꿈이 잘 맞는.
9 배움 : 종교나 명상 계통의 교육.
10 직업 : 종교나 명상 계통 출판사.
11 모임 : 종교성 짙은 믿음이 강한 친구들.
12 전생 : 유명한 종교인.

VENUS

♀ / ♈
나는 끌린다 / 새롭고 창의적인 것에

그럼 venus가 에리즈에 있을 때는 어떨까?

venus/에리즈는 지금까지 경험하지 못한 새로운 선택이 기다리고 있음을 의미한다. 에리즈의 창조적이며 진취적 성향은 새로운 것을 자신이 먼저 선점했다는 기쁨을 추구하기 때문이다. 비너스가 물건을 선택하는 기준이 되는 '끌림' 이라는 사실을 이해하고 에리즈의 성향을 이해하기를 바란다. 너무 어려운 주문일까? venus/에리즈는 이성을 선택할 때도 호기심이 느껴지는 새로운 인물을 만난다. 사랑을 보통 venus로 표현하지만 사실은 문싸인까지 작용을 하여 친밀감이 형성되는 상태일 때 진실한 사랑이라 볼 수 있는 것이다.

하우스 핵심어에서 찾아보기

1 질문자 : 개성 있는 아름다움과 생기발랄하고 활동적인 모습.
2 재물 : 금전을 모으는 감각이 있는, 예술작품으로 재산을 증식하는 능력.
3 의사소통 : 대체적으로 대인관계가 부드러운 상황은 아니다. 어릴수록 유리하다.
4 가정 : 집안에 새로운 가구나 가전제품을 구입하는 일이 있다.
5 연애 : 머리 스타일을 바꾸면 새로운 사랑이 생길 수 있지 않을까?
6 건강 : 두통, 머리 쪽 질환 가능, 사고나 부상 주의.
7 파트너 : 미녀와 야수 커플 혹은 못난이와 미남이 커플, 꽤 잘 어울리는 상대.
8 유산 : 너무나 진보적인 성향, 시대의 흐름을 앞서간 미적인 감각.
9 배움 : 청소년 상담학, 어린이 교육학 등 주로 저학년을 중심으로 한 교육학 분야.
10 직업 : 새로운 맛집 창업처럼 처음으로 시도하는 자영업.
11 모임 : 하나같이 튀는 친구들.
12 전생 : 아름다운 머리카락을 가진 여인.

♀ / ♉
나는 끌린다 / 아름답고 가치 있는 것에

그럼 venus가 토러스에 있을 때는 어떨까?

venus/토러스는 이성이 육감적으로 느껴지고 그 사람 자체의 물질적 능력 등에 끌리게 된다. 그들은 실질적으로 보이고 느껴지는 것이 매우 중요하다. 물론 선택의 상황에서 가장 명확히 드러나기도 하지만 어떤 하우스에 카드가 놓여있는가에 따라 상황과 결과는 다르게 나타난다. 이것은 어디까지나 '끌림' 일 뿐이지 깊은 관계로 발전되는 것은 문싸인과 썬싸인이 개입되어진다.

하우스 핵심어에서 찾아보기

1 질문자 : 있어 보이는 외모, 정말 부자인지는 가늠할수 없는 분위기.
2 재물 : 물질을 사랑하고 돈 버는 것을 정말 사랑하는 사람, 충분한 재물 보유.
3 의사소통 : 자신과 비슷한 부류의 사람들과 잘 어울림, 기준으로 경제력, 예술가 등.
4 가정 : 형편이 나아지는 가정, 가정 경제가 회복되고 있는 가정.
5 연애 : 경제력이 사랑이야!
6 건강 : 얼굴에 관련된 질환 가능, 몸의 통증, 비만 등.
7 파트너 : 외모가 준수하고 어울리는 배우자, 자신과 비슷한 수준의 자금이 있는 동업자.
8 유산 : 물질적 안정을 추구하는 기질, 하녀에 나오는 이정재 스타일.
9 배움 : 경제나 금융업에 관련된 학문.
10 직업 : 많은 돈을 다루는 직업, 재무컨설팅, 펀드매니저 등 규모가 큰 금액을 다룸.
11 모임 : 자신의 경제적인 수준과 비슷한 친구들.
12 전생 : 여러 나라를 돌아다니며 무역으로 부를 축적한 대 상인.

♀ / ♊
나는 끌린다 / 다양한 대화가 통할 때

그럼 venus가 제머나이에 있을 때는 어떨까?

venus/제머나이는 단순하며 같은 패턴이 들어있는 가벼운 색체의 디자인을 좋아한다. 그들은 그들의 생각이 같기를 원한다. 마치 쌍둥이처럼… 그래서 옷이나 핸드폰처럼 그들이 쉽게 구매할 수 있는 물건을 함께 구입하곤 한다. 보통 어느 한 쪽만이 제머나이라도 마찬가지이다. 친한 친구가 똑같이 하기를 원하는데 마다할 수 있는 싸인이 몇이나 될까? 아마도 리오나 에리즈 정도 일까?

하우스 핵심어에서 찾아보기

1 질문자 : 대화를 즐기는 사람.
2 재물 : 투자 정보가 많아 재산 증식의 기회가 많은 사람.
3 의사소통 : 다양한 나라 다양한 친구, 대화를 좋아하고 폭넓은 대인관계, 천부적인 자질.
4 가정 : 대화가 많은 재미있는 가정.
5 연애 : 최신 영화나 음악, 사이버 공간에서 대화 할 수 있는 게임을 좋아함
6 건강 : 목과 관련된 질병이 있을 가능성이 있다. 건강한 편이다. 신경 예민
7 파트너 : 이야기가 통하는 배우자, 조화로운 파트너
8 유산 : 감정이 풍부해질 때 말을 열정적으로 하는 스타일
9 배움 : 외국어 관련된 교육을 좋아하는
10 직업 : 가벼운 잡지 관련 출판 직업, 가쉽을 다루는 직업
11 모임 : 정보교류 모임, 말하기 좋아하는 친구들
12 전생 : 시인이나 문인으로 이름을 떨친 사람

나는 끌린다 / 가족적이고 친근한 것에

그럼 venus가 캔서에 있을 때는 어떨까?

venus/캔서는 가정적인 것과 과거와 연관되어진 추억의 물건에 애정을 느끼고 선택하는 경향이 있다. 물건을 선택할 때도 그렇고 누군가에게 끌릴 때조차도 아주 단순한 과거의 기억이 당신을 그렇게 인도할 지도 모른다. 그들은 좀처럼 광고나 PR에 휩쓸리지 않는다. 만약 venus/캔서의 호감을 사고 싶다면 가정적인 모습을 보여라. 말 한마디라도 다정하게 하라. 그리고 '우리' 라는 단어를 자주 사용하라. 그리고 venus/캔서가 매우 보호받고 케어 받는다고 느끼게 만들라.

하우스 핵심어에서 찾아보기

1 질문자 : 가만히 이야기를 들어주는 사람, 좋아하는 이와 관심 없는 이로 구분되는 사람
2 재물 : 가정을 꾸미는 데 금전을 많이 들이는, 가족을 위해서 어떤 것이라도 구매하는
3 의사소통 : 친한 사람들 사이에 엄마 역할을 하는, 집에서 모이는 모임을 좋아한다.
4 가정 : 너무 가정적인 것만 추구하는, 좀 많이 패쇄적인 가정
5 연애 : 현재는 너무 좋지만 미래를 생각하면 주위사람들을 챙겨야 하지 않을까?
6 건강 : 위장쪽 질환, 만성일 가능성 있음, 알러지, 약복용 주의
7 빠트너 : 시로 집착하는 애인, 현재 퍼팩트한 상태, 세상의 법칙은 다 변하는 것이다.
8 유산 : 재능이 있어 가업을 잇기를 원하는
9 배움 : 가정과 관련된 인문적인 교육
10 직업 : 인테리어나 가구와 같은 가정에 관련된 직업
11 모임 : 집안끼리 아는 친구들, 사촌들과 절친한, 가족과 같은 친구
12 전생 : 불행한 가정생활을 하던 사람

나는 끌린다 / 아름답고 화려한 것에

그럼 venus가 리오라면 어떨까?

venus/리오는 자신이 어떤 자리에서도 주목 받기를 원하기 때문에 항상 그 점에 초점을 맞추어 선택한다. 애정적인 면에 있어서도 특별히 드라마틱한 상황일수록 그런 점에 끌린다. 마치 드라마 속에서 이루어지는 첫 만남 같은 그런 상황 말이다. 그들이 상대를 선택할 때도 상대가 특별하고 자신의 지위를 올려줄 수 있는 사람이기를 원한다. venus/리오가 원하는 특별함이 사치스럽고 거만하게 느껴지게 만들 수 있다는 것을 염두에 두라. 그들은 자신이 특별하다고 생각하고 자신만의 특별함을 누릴 수 있는 것에 애정을 느낀다.

하우스 핵심어에서 찾아보기

1 질문자 : 과시적인 모습을 먼저 보이는…
2 재물 : 중산층으로 소비적이고 과시적인, 사치와 낭비가 많은
3 의사소통 : 자기중심적인 대화. 상대를 이해하려 노력하라!
4 가정 : 가족합창단처럼 가족이 함께 무대에 오를 수 있을 정도의 재능을 지닌
5 연애 : 완벽하게 낭만적인, 드라마틱한 그런 사랑, 순간에 불타오를 수 있다.
6 건강 : 장기쪽 질환 가능, 비만, 혈액순환기계
7 파트너 : 멋지고 낭만적인 애인, 이제는 좀 더 내면에 다가갈 수 있도록 하라!
8 유산 : 타고난 외모, 사치스러운 성향, 현실감을 찾도록 노력할 것
9 배움 : 자신을 보다 멋지게 표현할 수 있는 교육(사교춤, 당구, 볼링, 수상스키 등)
10 직업 : 연예인, 마술, 인기 스포츠인 등
11 모임 : 능력 있어 보이는 친구들이 많음 (검증은 안됨)
12 전생 : 자신이 촌스럽거나 초라해서 자신감이 없었던 사람

♀ / ♍
나는 끌린다 / 정리정돈 잘 된 모습에

그럼 venus가 버고에 있을 때는 어떨까?

venus/버고는 건강미를 추구하는 싸인이다. 그들은 자신이 분석하여 옳다고 믿는 일들을 규칙적으로 실행하는 것을 좋아한다. 그리고 그들이 좋아하는 스타일들을 점점 고정화시킨다. 제품을 선택할 때도 그들은 제조 일자와 성분표를 보는 것을 좋아한다. 이성에 끌리는 것도 자신이 좋아하는 깔끔한 스타일을 선호한다. 그들은 무엇이든지 혼란스럽고 단정치 못한 스타일을 싫어한다. 그들은 자신만의 독특한 미적 감각이 있다. 그들은 매우 독특하다 하지만 진실로 그들은 자신이 보통이라고 믿고 있다.

하우스 핵심어에서 찾아보기

1. 질문자 : 단정한 옷차림, 대화하다 보면 고집 있게 느껴지는 사람
2. 재물 : 자신만의 안정적 재산 증식, 쌓아나가는 기쁨을 충분히 아는
3. 의사소통 : 자기만의 틀이 있어서 상대방이 편협하고 독선적으로 느낀다.
4. 가정 : 가족 간의 일정한 룰이 있다.
5. 연애 : 일정한 코스의 데이트를 좋아하는(주로 도서관 데이트 혹은 영화 후 식사 등)
6. 건강 : 장기 질환 가능, 신경과민, 불안, 정신적 건강
7. 파트너 : 상대방을 일기위에 분석하고 맞추어 주려 노력하는 애인
8. 유산 : 성실함과 어느 정도의 유산
9. 배움 : 경제 분석가, 경제 연구소 등의 기본 데이터 체계를 바탕으로 분석적인 학문
10. 직업 : 완제품 분석 연구소, 경제연구소 등 원칙적이지 않은 일을 찾아 내는 직업
11. 모임 : 자신의 좌우명에 맞는 모임, 봉사단체, 학교어머니 모임, 사회복지 관심
12. 전생 : 솔직 담백한 청렴한 정치인

나는 끌린다 / 조화롭게 배려하는 모습에

그럼 venus가 리브라에 있을 때는 어떨까?

venus/리브라는 모든 것을 객관적으로 보고 균형 잡힌 아름다움을 좋아한다. 가장 외적인 아름다움을 추구하는 싸인이 리브라가 아닐까? 어떤 클라이맥스를 즐기는 것보다 밀고 당기고 조화를 추구하는 미적인 관점을 가지고 있다. 제 삼자의 입장에서 양쪽을 조율하는 데 큰 역할을 한다. 앞서 설명했듯이 이들의 딜레마는 자기의 문제에 대해서 결정을 하기가 어렵다는데 있다. 그리고 애정이나 우정에 있어서도 자기의 주관보다는 상대에 맞추어 주는 형식이 되기 쉽다. 자신에게 이것이 옳은 것인지 스스로 묻고 항상 고민한다. 특히 자신의 감정적인 문제에 대해 옳고 그름이 잘 인식되지 않는 것이 가장 큰 문제일 것이다.

하우스 핵심어에서 찾아보기

1 질문자 : 고상하고 우아하게 잘 치장한 외모, 에티켓이 좋은
2 재물 : 금전을 모으는 것도 쓰는 것도 좋아하는, 적당한 재물
3 의사소통 : 세련된 대화, 대인관계가 매우 좋은, 해결사 역할을 잘 하는
4 가정 : 화목하고 이웃과 잘 지내는 가정
5 연애 : 한 쌍의 선남 선녀 커플, 너무 외면에 집착하지 말라!
6 건강 : 신장쪽의 질환 가능, 스트레스, 감정적 혼란
7 파트너 : 완벽한 애인, 최고의 애인(동업자, 동료 등)
8 유산 : 외적인 아름다움과 균형감에 집착하는
9 배움 : 아름다움을 평가하는 교육
10 직업 : 중심을 잡아 판단하는 직업, 객관적인 결정을 잘 내리는 직업(인사과 등)
11 모임 : 기본적인 외모는 당연시 되고 자신과 조화를 이루는 친구들
12 전생 : 자신의 외모적인 촌스러움이 창피한 사람

♀ / ♏
나는 끌린다 / 신비하고 호기심을 자극하는 모습에

그럼 venus가 스콜피오에 있을 때는 어떨까?

venus/스콜피오는 객관적인 것과는 매우 거리가 멀다. 그들이 좋아하는 색상이나 디자인의 형태는 정형화 되어 있지 않다. 그들은 구체적이고 사실적인 표현을 가볍다 여긴다. 그들은 숨겨진 미학을 즐긴다. 어쩌면 진심이 통하는 사람은 같은 것을 느낄 것이라고 생각하는지도 모른다. 그리고 그런 사람을 발견하였을 때 그들은 열정적인 감정의 홍수로 다이빙하는 것이다. 물론 그것을 이해하고 받아 줄 수 있는 상대가 많지 않다고 하여도 말이다. 어쩌면 자신의 너무 큰 기대 때문에 더 많은 상처를 입는 지도 모른다.

하우스 핵심어에서 찾아보기

1 질문자 : 말과 행동에서 생동감과 신비감이 느껴지는
2 재물 : 투기, 도박, 개임 등 을 좋아하는 것이 문제
3 의사소통 : 눈빛으로 소통, 극히 소수와 소통, 타인에게 관심 없음
4 가정 : 항상 어린 시절을 그리워하는, 즐거웠던 추억을 기억하는
5 연애 : 죽을 만큼 아프고 사랑하는 연애, 잔인한 사랑
6 건강 : 생식기 관련 질환 가능, 성적인 질병, 모욕과 상처에 민감
7 파트너 : 사랑하지만 무슨 생각을 하는시 일 수 없는, 사랑표현을 잘 하지 않느
8 유산 : 중요한 것을 정확하게 알아보는 능력
9 배움 : 자신이 관심 있는 분야에서 최고의 경지를 공부하는
10 직업 : 혼자 할수 있는 전문직
11 모임 : 오래 알고 지낸 몇 몇의 친구들
12 전생 : 인적 없는 산골에서 외로이 살았던 사람

나는 끌린다 / 이국적이고 낯선 것에

그럼 venus가 쎄저테리어스에 있을 때는 어떨까?

venus/쎄저테리어스는 선택의 상황에서 독특하고 이국적인 물건을 선택한다. 그들은 오는 이 막지 않고 가는 이 잡지 않는다. 모든 것을 자연의 이치로 이해하며 자유를 추구한다. 그럼 에리즈와 에퀘어리스는 어떻게 다른 걸까? 공통점은 독특하고 새로운 것을 좋아한다는 것이다. 차이점은 에리즈는 자신의 존재감을 알리기 위함이고 어퀘어리스는 실험정신 때문이며 쎄저테리어스는 낯설고 새로운 것을 좋아하기 때문이다. 이렇게 선택한 제품이 같을 수 있지만 선택의 이유는 확실히 다르다는 사실을 인식하라.

하우스 핵심어에서 찾아보기
1 질문자 : 국내 정서에 잘 맞지 않는, 개방적인 느낌의 사람
2 재물 : 외국의 정보를 통해서 재물을 만들어 나가는
3 의사소통 : 외국인을 좋아하고 여행 다니며 어울리기 좋아하는
4 가정 : 이민을 생각하는 가정, 기독교 가정이 많이 있음
5 연애 : 낯선 곳에서 우연히 만나 사랑하는
6 건강 : 고관절과 대퇴부쪽 질환, 류머티즘, 골절, 좌골 신경통
7 파트너 : 여행을 좋아하는 애인, 어디론가 떠날 것 같은 느낌, 천진한 매력이 있는
8 유산 : 모험 정신
9 배움 : 외국이나 낯선 곳에서 호기심을 자극하는 새로운 학문 연구
10 직업 : 여행가, 계절 스포츠 용품 매장 경영, 자유시간을 충분히 만들 수 있는 직업
11 모임 : 다국적인 다양한 친구들
12 전생 : 여행을 많이 다니며 많은 사건을 경험한 사람

♀ / ♑
나는 끌린다 / 멋진 카리스마에

그럼 venus가 케프리컨에 있을 때는 어떨까?

venus/케프리컨은 단정한 스타일은 좋아하며 때와 장소에 예의바르게 잘 어울려야한다고 생각한다. 그들은 전통적인 것을 중요시하며 대부분이 권력 지향형이다. 권력을 사랑하기에 지금의 현재를 인내하고 열심히 살아간다. 그들 자신보다 좀 더 나은 신분이라고 여겨지는 상대에게 호감을 갖는다. 예를 들어 영화에서도 신분상승을 위해 상관의 딸을 사랑하는 이야기가 종종 나오는데 보통 이런 경우 대부분이 케프리컨이라고 장난으로 이야기하기도 한다.

하우스 핵심어에서 찾아보기

1 질문자 : 예의바르고 절도 있는 자, 긴장을 늦추지 않는
2 재물 : 열심히 일한 노력의 댓가를 얻는 사람!
3 의사소통 : 어른들이 좋아하는 스타일이며, 친구들은 신뢰하지만 재미없는 친구
4 가정 : 부모님이 매우 엄격하고 예의를 중요시하는 집
5 연애 : 보수적이고 점잖은 연애, 한 쪽이 주도권을 완전히 장악하고 싶어 하는
6 건강 : 무릎이나 다리쪽 질환 가능, 우울증, 신경통, 관절염, 과로
7 파트너 : 어른 같아서 거역할 수 없는 존경할만한 애인
8 유산 : 가장역할을 좋아하는 기질
9 배움 : 자신의 직위에 필요한 교육
10 직업 : 대기업의 CEO, 조직 내의 규율을 만드는 역할
11 모임 : 동창회 모임, 자신의 지위와 관련된 모임
12 전생 : 권력을 위해 모든 것을 바친 사람

♀ / ♒
나는 끌린다 / 전문적인 지식을 공유할 때

그럼 venus가 어퀘리어스에 있을 때는 어떨까?

venus/어퀘리어스는 대체적으로 사랑할 때 차갑다는 평을 많이 듣는다. 서로 평등하다고 생각하고 상대를 존중하여 한 쪽에서 리드해 나가지 않기 때문이다. 특히 게자리 여성과 어퀘리어스 남성이 사랑할 때 나타나는 현상은 남성은 독립적이고 다른 이들과의 소통을 즐기는데 반해 게자리 여성은 남자를 구속하고 자신보다 다른 사람과 어울리기를 좋아하는 상대에게 불만을 나타내게 된다. 게자리 여성은 자신을 남성이 보호해주고 따듯이 감싸주기를 원하지만 어퀘리어스 남성은 그것을 인식하기가 어렵기 때문이다.

하우스 핵심어에서 찾아보기

1 질문자 : 굉장히 독특한 외모, 말투, 타인을 의식하지 않는
2 재물 : 자신이 원하는 만큼 벌 수 있는 능력
3 의사소통 : 사생활과 친구들 사이에 거리가 있는
4 가정 : 서로의 개성을 인정하고 존중하는 독립적 분위기의 가정
5 연애 : 지적인 사랑, 서로 각자 개성적인 삶을 존중하는 스타일의 사랑
6 건강 : 발목주위 질환 가능, 저혈압, 빈혈, 신장질환
7 파트너 : 지적이고 배울 수 있는 애인
8 유산 : 실용적인 아름다움을 추구하는 성향
9 배움 : 미래 예측 정보 과학분야
10 직업 : 전문 출판계열, 새로운 정보를 사람들에게 알리는 직업, 온라인 사업
11 모임 : 전문 카페 활동, 동아리 활동
12 전생 : 반항적인 사건들을 통한 개혁을 성공시키는 사람

♀ / ♓
나는 끌린다 / 진실해보이고 아이 같은 면에

그럼 venus가 파이시즈에 있을 때는 어떨까?

venus/파이시즈는 영적인 물건이나 신비한 사람에게 매력을 느낀다. 만일 당신에게 이 카드가 나왔다면 당신은 영적인 사람이나 대상에게 끌리고 있다는 것이다. 눈에 보이는 것 이상으로 직관이 발휘되었을 것이다. 미리 꿈에서 예지몽을 꾸었다거나 하는 징조를 느꼈을 지도 모른다. 이 카드의 경우 그냥 당신의 직관과 마음이 움직이는 대로 한번 가보라고 권하고 싶다. 아마도 이번 생에 준비된 만남이 아닐까?

하우스 핵심어에서 찾아보기

1 질문자 : 자유롭고 개방적인 분위기의 호감형
2 재물 : 투자에 운이 따르는 사람
3 의사소통 : 누구와도 잘 어울리는, 진실하고 순수한 관계
4 가정 : 종교성 짙은 가정 (기독교집안, 불자집안, 유교집안 등)
5 연애 : 서로의 마음을 잘 알아주는 관계, 아픔을 서로 위로하는 사이
6 건강 : 발 관련 질환 가능, 중독성, 면역기능 약화, 거식이나 폭식증
7 파트너 : 운명적인 만남, 전생의 깊은 인연
8 유산 : 영적인 감각이 좋은, 꿈이 잘 맞는
9 배움 : 전공은 별도로 있지만 종교나 명상 계통의 공부
10 직업 : 일반적인 직업 외의 종교나 명상 계통 직업, 투잡
11 모임 : 종교성 짙은 믿음이 강한 친구들
12 전생 : 풀리지 않는 전생의 비밀이 계속 이어지는 사람

MARS

♂ / ♈
나는 실행한다 / 새롭고 도전적인 삶을

그럼 mars가 에리즈에 있을 때는 어떨까?

mars/에리즈란 내가 생각한 목표를 이루기 위해 구체적으로 접근해 나가는 방법을 뜻한다. 그들은 타협보다는 자신의 주장이 무조건 옳다고 믿으며 소신에 맞게 앞을 향해 돌진해 가는 타입이다. 생각보다는 행동으로 즉각적으로 나타나기 때문에 과감한 개혁이나 충돌 등이 있을 수 있다. 그래서 그리스 신화나 로마신화에 나오는 장군의 모습으로 표현되기도 한다.

하우스 핵심어에서 찾아보기

1 질문자 : 개성적이며 순수한 열정적인 에너지가 느껴지는 인상 (느낌 좋은)
2 재물 : 새로운 일을 시작하여 손해를 보는 경우, 신중하게 판단하라
3 의사소통 : 의도성 없이 생각나는 대로 말하여 실수를 하는
4 가정 : 새로운 변화가 있는 가정, 새로운 가족이 생기는 경우
5 연애 : 서툰 사랑, 새로운 방식의 연예에 몰두하는… 열정적인 사랑
6 건강 : 두통, 머리 쪽 질환 가능, 사고나 부상 주의
7 파트너 : 어디로 튈지 모르는 어린 아이와 같은 애인, 모성애를 자극하는 애인
8 유산 : 독창적인 미적 감각, 시대를 앞서간 예술감
9 배움 : 순수하고 독창적인 분야에 몰두할 수 있는 학문
10 직업 : 새로운 사건을 계속 해결할수 있는 직업, 형사, 탐정 등
11 모임 : 정신적으로 성숙해서 자신을 귀엽게 뵈주는 친구들
12 전생 : 너무 철없이 저지른 잘못이 많은 사람

♂ / ♉
나는 실행한다 / 돈과 사랑을 쟁취하기 위해

그럼 mars가 토러스에 있을 때는 어떨까?

mars/토러스는 생각한 목표를 금전적인 것을 고려해 작업을 하는 싸인이다. 그들은 매우 뛰어난 금전적인 감각이 있다. 그래서 일을 추진할 때도 비용적인 측면이 많이 고려되어진다. 그리고 최소한의 비용으로 큰 이익을 만들어 낸다. 주로 그들은 비즈니스나 금융 계통에 있어서 비상한 재주를 보인다. 특히 부동산의 경우 돌아다니며 조사하는 일에 매우 탁월하다.

하우스 핵심어에서 찾아보기

1 질문자 : 얼리어답터, 새로운 물건을 자랑하는 듯한 인상
2 재물 : 신상품을 사는 것을 아까워하지 않는
3 의사소통 : 말보다는 행동으로 보여주어야 믿는 사람들
4 가정 : 현재 금전적으로는 풍족하지 않은 가정
5 연애 : 사랑보다는 돈을 버는 것이 우선, 이해하라! 사랑이 밥을 먹여 주지는 않으니까
6 건강 : 얼굴에 관련된 질환 가능, 몸의 통증, 비만 등
7 파트너 : 성격으로 열심인 애인, 스스로 후회 없이 잘 판단하도록…
8 유산 : 돈 버는 어려움을 인식하고 새롭게 일어나자!
9 배움 : 몸으로 하는 훈련 좋아해요.
10 직업 : 몸으로 하는 직업, 머리보다는 움직이는 직업 선호
11 모임 : 축구, 야구 등 놀며 어울리는 모임
12 전생 : 비만으로 자신감이 없었던 사람

♂ / ♊
나는 실행한다 / 다양한 정보를 주고 받으며

그럼 mars가 제머나이에 있을 때는 어떨까?

mars/제머나이란 내가 생각한 목표를 이루기 위해 대화로 일을 풀어가고자 하는 싸인이다. 그들은 다양한 정보를 이용하여 상대방을 자신이 원하는 방향으로 유도한다. 만일 그들이 다른 싸인의 상대와 말싸움을 한다면 결코 지는 일이 없을 것이다. 하지만 협상 이후 실무적인 일에는 약하기 때문에 말이 앞서는 경우가 생기지 않도록 주의해야한다.

하우스 핵심어에서 찾아보기

1 질문자 : 말을 함부로 하여 당황스럽게 하지만 밉지 않은 사람(그래도 말조심 합시다)
2 재물 : 말이 앞서는 그래서 실속 없는 상황
3 의사소통 : 말과 행동이 유달리 재미있는 사람(자신의 말에 책임지면 더 없이 좋음)
4 가정 : 대화가 많은 재미있는 가정, 대화로 어려움을 풀고 성장해가는 가정
5 연애 : 말로만 잘하는 연인, 헤어지고 싶지 않다면 사랑을 증명해야 할 걸?
6 건강 : 목과 관련된 질병이 있을 가능성이 있다. 건강한 편이다. 신경 예민
7 파트너 : 몸을 심하게 아끼는, 움직이세요, 실행하세요, 쟤! 이제는 일어나서 행동하세요,
8 유산 : 자신의 말에 책임을 다하고자하는 기질
9 배움 : 체계적이지 못한 교육, 대물림으로 배우는 학문
10 직업 : 간단업무, 직업을 오래 유지하기 힘든, 자꾸 이직 생각을 하는
11 모임 : 그냥 노는 모임
12 전생 : 친구 없이 외로운 한 평생을 보낸 사람

♂ / ♋
나는 실행한다 / 가족적인 분위기로 일을

그럼 mars가 캔서에 있을 때는 어떨까?

mars/캔서는 그들은 가족적이며 약간의 패쇄적인 공동체의 모습을 보일 수 있다. 일단 mars/캔서를 이해하기 위해서는 모(母)중심의 가정을 이해하면 될 것이다. 새로운 일을 추진하는 것에 대해 그들은 자유롭지 못하다. 하지만 그들의 친밀함이 더욱 돈독해 지는 일에 관해서는 대담하게 일을 진행할 수도 있다. 그들은 위험한 투자보다는 안정적 투자인 부동산이나 땅에 대한 투자수익률이 높다. 그들은 재산 증식을 알뜰하게 잘하는 타입이다.

하우스 핵심어에서 찾아보기

1 질문자 : 보호본능을 자극하거나 보호자처럼 구는
2 재물 : 가정을 위해 안정적인 투자(부동산)를 선택하는 경향, 나중에 살고 싶은 곳
3 의사소통 : 가족이외의 몇 사람 빼고는 친분이 없는
4 가정 : 가족에게 헌신적인
5 연애 : 모성애적이며 서로 돌봐주기를 원하는 사랑, 서로 존중하는 마음을 갖으세요!
6 건강 : 위장쪽 질환, 만성일 가능성 있음, 알러지, 약복용 주의
7 파드니 : 지신을 돌봐주기를 원하는 애인
8 유산 : 가정적인 집을 만드는 감각이 탁월
9 배움 : 가업을 잇고 발전시킬 수 있는 교육
10 직업 : 가정교사, 가사 도우미, 가사생활을 매우 능숙하게 잘하는(리폼의 달인)
11 모임 : 형제, 자매처럼 절친한 관계들
12 전생 : 가족과 떨어져 항상 그리워했던 사람

♂ / ♌
나는 실행한다 / 주인공이 될 수 있게

그럼 mars가 리오에 있을 때는 어떨까?

mars/리오는 모든 일을 자신감 있게 창조적으로 추진한다. 그들은 너무 당당하고 과시적이다. 그래서 그들은 때때로 자신이 권력을 휘두르는 것처럼 행동할 때가 있다. 하지만 대체로 밝고 재미있으며 유쾌하기 때문에 사람들이 그들과 가까이 지내고 싶어 한다. 하지만 실속 없이 과시적인 것에 너무 신경을 쓰면 일이 걷잡을 수없이 커지고 통제가 안될 수도 있기 때문에 그들은 핵심적인 문제를 항상 인식하고 자신을 멋지게 연출하려는 지나친 욕심만 자제한다면 모든 일이 잘 될 것이다.

하우스 핵심어에서 찾아보기

1 질문자 : 항상 당당하고 긍정적이고 밝은 모습
2 재물 : 남에게 신세지기 싫어하는, 먼저 계산하는, 그다지 실속 없는
3 의사소통 : 숨기는 것 없이 자신의 심경을 그대로 말하는, 주변에 친구가 많은 사람
4 가정 : 가족에게 필요한 것은 아낌없이 쓰는
5 연애 : 열정적인 사랑, 순간이라는 것을 기억하라! 사랑은 영원하지 않다.
6 건강 : 장기쪽 질환 가능, 비만, 혈액순환기계
7 파트너 : 당당하고 밝고 멋진 애인
8 유산 : 어디서나 당당할 수 있는 해동적인 자질
9 배움 : 자신을 돋보이게 하는 학문, 정치, 강사 , 방송 분야의 공부
10 직업 : 연기자, 이벤트 매니저, 가수 등
11 모임 : 멋지고 당당하게 성공한 친구들
12 전생 : 너무 가난해서 성공하고 싶었던 사람

♂ / ♍
나는 실행한다 / 계획성 있게 일을

그럼 mars가 버고에 있을 때는 어떨까?

mars/버고는 자신만의 행동 규칙이 존재한다. 특히 그들은 예의바르게 행동하고 겸손하며 누군가에게 도움이 될 수 있도록 항상 신경 쓴다. 특히나 그들의 완벽주의적 성향은 다른 싸인 보다 일에 있어서 예민하게 만들고 더 많은 시간을 필요로 한다. 그런 성격은 팀으로 하는 일에 있어서는 별로 좋지 못하다. 그래서 주로 분석하는 파트를 따로 맡거나 주로 독립적으로 혼자 하는 일에 잘 맞는다. 참 요즘에 코디네이터라는 새로운 직업은 이들에게 매우 권장할만한 직업이다.

하우스 핵심어에서 찾아보기

1 질문자 : 선생님과 같은 분위기, 항상 일정한 옷차림
2 재물 : 저축을 통한 안정적인 재산 보유
3 의사소통 : 단조롭고 일상적인 대화, 대인관계가 평탄치 않다.
4 가정 : 가족 내의 규칙이 많은 화목한 가정
5 연애 : 사랑에도 일정한 룰이 필요하다. 지루해질 가능성이 높아요!
6 건강 : 장기 질환 가능, 신경과민, 불안, 정신적 건강
7 파트너 : 편집증적인 행동의 제약이 많은 애인
8 유산 : 일정한 생활의 규칙을 가풍으로 물려받은
9 배움 : 단순 노동, 단순한 결과를 보는 연구직 등
10 직업 : 단순 분석 직업, 융통성 없이도 가능한 일
11 모임 : 자신을 이해해 주는 친구
12 전생 : 너무 방탕하게 계획 없이 살았던 인물

♂ / ♎
나는 실행한다 / 문제를 잘 조율하며 일을

그럼 mars가 리브라에 있을 때는 어떨까?

mars/리브라는 타고난 네고시에이터negotiator이다. 그들은 타인과의 조율을 통해 문제를 풀어간다. 자신뿐만이 아니라 타인의 입장을 고려하여 일이 성사될 수 있도록 만드는 것이다. 그들은 공정함과 균형을 고려한다. 때로는 그런 면 때문에 일이 중도에 포기되어지기도 하지만 그런 때일지라도 그들은 세련된 매너를 가지고 우아하게 일을 마무리할 것이다.

하우스 핵심어에서 찾아보기

1 질문자 : 이야기를 잘 받아주어 편안하게 만들어 주는 분위기
2 재물 : 망설이다 투자할 기회를 놓치는 경우
3 의사소통 : 말은 잘 하지만 행동이 우유부단해서 신뢰를 잃을 수 있는
4 가정 : 가정 내의 문제에 대해 해결하지 못하고 그냥 견디는
5 연애 : 우유부단한 행동 때문에 다툼이 있을 수 있는 위기의 사랑
6 건강 : 신장쪽의 질환 가능, 스트레스, 감정적 혼란
7 파트너 : 자신의 주장을 내세우지 못하고 다 맞추어 주는 애인
8 유산 : 우유부단한 성격을 물려받음
9 배움 : 여러분야의 학문을 다양하게 공부하는
10 직업 : 직장에서 가늘고 길게 가고 싶은 상황
11 모임 : 다양하고 폭 넓은 친구들, 모임
12 전생 : 정혼자 이외에 사랑하는 사람이 있었던 비운의 인물

나는 실행한다 / 심사숙고해서 일을

그럼 mars가 스콜피오에 있을 때는 어떨까?

mars/스콜피오는 다른 싸인에 비해 행동하는 시점이 매우 늦다. 그들은 쉽게 결정하고 빠르게 일을 진행하지 않는다. 하지만 그들 내면 깊은 곳의 열정을 건드린다면 어느 누구도 막을 수 없다. 최근에 나온 미국드라마 프리즌브레이크에 석호필이라는 애칭을 가진 주인공을 느껴보자. 그는 무고한 형을 구하겠다는 감정적이고 충격적인 자극으로 감히 누구도 상상하지 못한 일을 계획하고 실행한다. 그는 죽음조차도 불사한다. 한번 느껴보시길…

하우스 핵심어에서 찾아보기

1 질문자 : 말보다 행동으로 감정을 표현하는 신비하지만 따뜻한 스타일
2 재물 : 자신의 분야에서 얻는 수익(저작권, 판권, 특허권 등)
3 의사소통 : 말은 별로 없지만 함께만 있어도 힘이 실리는 관계
4 가정 : 큰 아픔을 극복하고 성공으로 나가려하는
5 연애 : 깊은 사랑, 서로 집착하지 않게 주의 할 것!
6 건강 :생식기 관련 질환 가능, 성적인 질병, 모욕과 상처에 민감
7 파트너 : 모든 것을 헌신적으로 다 해주는 애인(바람피우다 걸리면 복수할 수 있는)
8 유산 : 큰 유산을 상속 받을 수 있는
9 배움 : 관심 분야에서는 최고의 권위를 갖는 교육이든 연구든
10 직업 : 한 분야의 권위자
11 모임 : 공통 관심분야의 친구들
12 전생 : 감정적으로 상처를 많이 받은 사람

나는 실행한다 / 떠나기 위해

그럼 mars가 세저테리어스에 있을 때는 어떨까?

mars/세저테리어스는 주역의 화산려괘와 비슷한 이미지를 갖고 있다. 구름에 달 가듯 가는 나그네 (박목월 나그네 중에서)에서 처럼 그런 이미지를 떠올리면 어떨까? 그들은 어떠한 구속이나 억압적인 상황을 견디지 못한다. 그래서 직장생활을 하는 현대인들은 산악회도 조직하고 사진동호회도 만들어 어디론가 떠나 자연의 품에서 휴식을 취하고 돌아오는 것이다. 그들은 모든 일을 하늘에 맡기고 물 흐르듯이 자연스럽게 진행되어지기를 바란다.

하우스 핵심어에서 찾아보기

1 질문자 : 자유롭고 편안한 구속되지 않은 모습
2 재물 : 여행하기 위해 돈을 모음
3 의사소통 : 현실성 없는 소리만 한다고 타박 들을 수 있는
4 가정 : 안정감 없고 여기저기 옮겨 다니는 가정, 여행을 자주 가는 가정
5 연애 : 함께 새로운 경험을 하며 정신적인 사랑을 이루는
6 건강 : 고관절과 대퇴부쪽 질환, 류머티즘, 골절, 좌골 신경통
7 파트너 : 유머감각 있고 누구나 매력적으로 생각 (약간 걱정되는 애인)
8 유산 : 자연을 사랑하고 모든 것을 받아들일 수 있는 우주적인 사고관
9 배움 : 자연을 다루는 학문, 생물학, 수의학과 같은 학문
10 직업 : 여행가, 프리랜서 사진작가, 자연 다큐 작가
11 모임 : 여행 동호회, 산악회, 사진 동호회, 다국적 친구들
12 전생 : 삶과 자연의 가르침을 따라 산속에 은둔하는 도인

나는 실행한다 / 조직적으로 일을

그럼 mars가 케프리컨에 있을 때는 어떨까?

mars/케프리컨은 전통을 존중하며 따르는 것을 당연하다고 여긴다. 그들은 자신의 목적을 이루기 위해 신중하고 계산하고 계획한 다음 추진하며 견실하고 끈질기게 그 일을 해낸다. 하지만 때로는 너무 극기를 한 나머지 응급실로 실려 가는 싸인 또한 케프리컨이다. mars/케프리컨은 자신도 모르게 사람들을 통제하고 자신의 계획 속으로 주변인들을 몰아세우려할지도 모른다. 하지만 대부분 그들은 좋은 리더십을 발휘하며 스스로 모범을 보인다.

하우스 핵심어에서 찾아보기

1 질문자 : 군인처럼 예의바르며 절도 있는 태도, 단정한 옷차림
2 재물 : 많이 움직일수록 재물을 모으는 스타일, 부지런하고 성실하게 모으는 재산
3 의사소통 : 가볍고 잘난척하는 이를 매우 싫어하는
4 가정 : 매우 엄격하고 규율이 강한 가정, 엄격한 부모님
5 연애 : 가부장적으로 지배하려하는 연애
6 건강 : 무릎이나 다리쪽 질환 가능, 우울증, 신경통, 관절염, 과로
7 파트너 : 권력지향형 배우자, 자신을 조종하려하는 스타일
8 유산 : 권력욕, 참을성
9 배움 : 경영학, 정치학계열, 사관학교 계열, 군대식 교육법 등
10 직업 : 군대에서 머무르는 것이 체질, 등산인
11 모임 : 학교 동창회, 사내 모임, 군대모임 등 작은 조직의 모임
12 전생 : 권력을 위해 비리를 눈감아주는 정치인

♂ / ♒
나는 실행한다 / 합리적이고 실용적으로

그럼 mars가 어퀘리어스에 있을 때는 어떨까?

mars/어퀘리어스는 문제를 풀어가는 방식이 전문적인 지식과 정보를 이용하여 풀어간다. 그들은 전문가를 찾아가 도움을 구하기도하며 비즈니스 측면에서는 전문경영인을 기용하기도 하는 창의적이고 혁신적인 일을 잘한다. 프로는 프로다워야 한다고 생각하며 잘하는 부분에 있어서는 확실한 인정도 하지만 실수에 대해서는 가차 없이 비난하는 타입이다. 그들은 냉정하고 차갑다는 평을 듣지만 그들은 쉽게 타인을 동정하지 않는 것 뿐이다. 그들에게 있어 상하수직의 개념 보다는 수평적인 개념이 강하기 때문이다.

하우스 핵심어에서 찾아보기

1 질문자 : 혼자 있는 것을 좋아하는 인상, 전문가의 분위기
2 재물 : 자신의 취미생활이 돈벌이와 연결되는, 희귀물건을 많이 소유한
3 의사소통 : 자신의 작품을 보여주고 인정해주는 친구들, 한정적인 주제
4 가정 : 독립적인 삶을 살아간다.
5 연애 : 구속적인 것을 싫어하는 연애 스타일, 우정 같은 사랑
6 건강 : 발목 주위 질환 가능, 저혈압, 빈혈, 신장질환
7 파트너 : 독립적이고 자유로운 애인(무심함이 하늘을 찌르는)
8 유산 : 시대의 불합리함을 개혁하고자 하는 행동
9 배움 : 새로운 것을 만들어 보편화 시킬 수 있는 학문
10 직업 : 야당, 소비자고발센터, 여성의 집, 복지관련업 등
11 모임 : 전업이 아닌 매니악한 취미를 즐기는 친구들
12 전생 : 신분을 타파하고 성공하고 싶었던 사람

♂ / ♓
나는 실행한다 / 믿음과 신뢰로 일을

그럼 mars가 파이시즈에 있을 때는 어떨까?

mars/파이시즈는 싸인 중에 가장 구체성이 결여되어 있다. 그들은 무엇을 어떻게 시작해야 하는 지 잘 계획을 세우지 못한다. 단지 그저 흐름에 맞추어 닥치는 대로 해나갈 뿐이다. 그들에게는 수많은 변수들이 존재하기 때문에 하나의 목표를 향해 체계를 만들어 가는 것이 어렵다. 하지만 그들은 탁월한 직감과 본능이 있기 때문에 행동타이밍이나 분위기의 흐름을 타고 일을 실행한다. 그들은 계획이나 철저한 스케줄보다는 그들 내면의 소리를 듣고 직관적으로 일을 처리할 때 오히려 더 잘 풀리는 경향이 있다.

하우스 핵심어에서 찾아보기

1 질문자 : 어떤 말을 해도 다 받아 줄 것같은 인상
2 재물 : 재물에 운이 따르는, 도와주는 이가 많은, 금전적으로 필요한 때에 여유가 생기는
3 의사소통 : 누구와도 친한, 어려운 일은 도맡아 다하는, 쉽게 상처받는
4 가정 : 말 없이도 알아서 챙겨주는 가족
5 연애 : 사랑하는 만큼 아파하는 사랑
6 건강 : 발 관련 질환 가능, 중독성, 면역기능 약화, 거식이나 폭식증
7 파트너 : 한사람의 애인이 아닌 만인의 애인(불안감을 유발시키는)
8 유산 : 기운을 잘 느끼는 (신들림, 예지몽, 탁월한 직관력 등)
9 배움 : 신비주의 학문, 영적인 학문, 철학이나 명상적인 학문을 주로 좋아한다.
10 직업 : 치료사, 타로마스터, 힐러, 의사 등
11 모임 : 힘들고 어려운 친구를 돕는 친구들
12 전생 : 타인이 이해할수 없는 신기한 경험들이 많았던 사람

JUPITER

나는 성장한다 / 새롭고 도전적인 일을 통해서

그럼 Jupiter가 에리즈에 있을 때는 어떨까?

Jupiter/에리즈인 사람들은 모험을 통해 새로운 것을 경험하며 삶을 확장시킨다. 그들은 진취적이며 자신이 개척자가 되어 새로운 것을 받아들일 때 성장을 경험한다. 그들은 자신이 새로운 학문이나 새로운 학설, 종교 등에 관심을 가지고 그것들을 널리 보급하는 지도자가 되는 것을 좋아한다. 그들은 매우 열정적이며 강한 믿음을 가지고 있다.

하우스 핵심어에서 찾아보기

1 질문자 : 두려워하지 않고 새로운 일을 시도하며 성장해가는 사람
2 재물 : 재물보다는 새로운 경험을 중요하게 생각하는 사람
3 의사소통 : 서툰 말이지만 대화 속에서 성장해 나가는, 처음에는 별로 안 좋은 인상이지만 차츰 진심을 알고 신뢰를 주는
4 가정 : 가족의 새로운 변화는 세상을 바라보는 넓은 안목을 배우게 한다.
5 연애 : 개성 있는 애인을 만나 더욱 창조적이고 열정적인 삶을 배운다.
6 건강 : 두통, 머리 쪽 질환 가능, 사고나 부상 주의
7 파트너 : 성격이 반대인 애인, 그런 배우자를 통해 더욱 확장된 인생을 경험 할 수 있다.
8 유산 : 새로운 도전과 모험 정신
9 배움 : 남들이 하지 않은 계통의 학문, 미개척분야의 학문
10 직업 : 새로운 도전을 할수 있는 직업, 현지 개척 업무 등
11 모임 : 개성이 강하고 자극적인 친구들
12 전생 : 많은 전생과 환난 속에 삶을 마감한 사람

♃ / ♉
나는 성장한다 / 노력해서 이루어진 결과물을 통해서

그럼 Jupiter가 토러스에 있을 때는 어떨까?

Jupiter/토러스인들은 물질적인 성공을 이루어 냈을 때 그들은 자신이 한 단계 성장 했다고 느낀다. 단지 금전적인 것만을 의미하는 것이 아니라 어떠한 것이라도 그들의 성실함과 끈기로 구체적인 방법이나 제품 혹은 확실한 결론이 내려질 때 그들은 만족하는 것이다. 그들은 대략 말만 얼버무리는 것을 좋아하지 않는다. 아이디어와 과정 그리고 결과를 모두 구체적으로 표현할 때 그들은 잘 성장했다고 믿는다.

하우스 핵심어에서 찾아보기

1 질문자 : 당신의 매너가 호감을 주는
2 재물 : 금전이 많아질수록 당신은 삶의 안정감을 느낄 것이다.
3 의사소통 : 당신의 실감나는 말투를 사람들은 좋아할 것이다.
4 가정 : 경제력이 생겨야 안정된 가정을 유지 할 것이다.
5 연애 : 금전 감각이 있는 사람에게 끌린다.
6 건강 : 얼굴에 관련된 질환 가능, 몸의 통증, 비만등
7 파트너 : 경제적인 도움을 주는 애인
8 유산 : 물려받지 않아도 됨, 빚을 상속 받을 수 있음.
9 배움 : 이완과 수용의 자세 필요
10 직업 : 안정적인 관리유지가 꾸준히 필요한 직업
11 모임 : 음주 가무를 좋아하는 친구들
12 전생 : 금전적인 문제로 힘든 나날을 보낸 사람

ᅬ/Ⅱ
나는 성장한다 / 다양한 정보교류를 통해서

그림 Jupiter가 제머나이에 있을 때는 어떨까?

Jupiter/제머나이인 사람들은 다양한 사람들과의 소통을 통해서 성장한다. 그들은 기본적으로 책이나 매스미디어를 통해서 많은 정보를 수집한다. 제머나이의 경우에는 대화를 통해 자신과 다른 의견 즉, 새롭고 재미있는 다른 생각을 받아들이며 자신의 정보력이 빈약함을 인식하고 더욱 자극을 받아 스스로 발전하며 다른 이들에게 새로운 정보를 전달할 때 자신의 삶을 확장시키며 성장한다.

하우스 핵심어에서 찾아보기

1 질문자 : 대화를 통해 많은 배움을 얻어가는 사람
2 재물 : 대화하며 좋은 정보를 많이 얻는 사람
3 의사소통 : 대인 관계가 좋아 대화로써 인생을 확장시켜가는 사람
4 가정 : 대화로 교육이 되는 가정
5 연애 : 많은 대화를 하며 사랑을 키우는 연애를 한다.
6 건강 : 목과 관련된 질병이 있을 가능성이 있다. 건강한 편이다. 신경 예민
7 파트너 : 대화로 사랑의 어려움을 극복하는 애인
8 유산 : 말 한마디로 천 냥 빚을 갚는다. 긍정적 사고와 남을 배려하는 말이 도움이 된다.
9 배움 : 외국어에 재능, 외국에서 새로운 경험은 삶을 풍요롭게 한다.
10 직업 : 영업직, 서비스업, 컨설팅사업, 이벤트업 등을 교육하는
11 모임 : 다양한 주제로 서로에게 힘을 실어주는 친구나 모임
12 전생 : 많은 사람들에게 좋은 말과 교훈을 주었을 것이다.

겨 / ♋
나는 성장한다 / 서로 상처를 보듬어 줄 때

그럼 Jupiter가 캔서에 있을 때는 어떨까?

Jupiter/캔서인 사람들은 친밀한 가정적인 소모임이나 집단들 속에서 자신이 엄마의 역할을 하며 정성스럽게 보살필 때 성장함을 경험한다. 그것은 매우 특별하고 귀중한 경험이다. 자신이 양육자가 되고 누군가가 자신의 손길을 받으며 점점 나아지는 것을 경험하는 순간 그들은 자신의 삶이 바로 이 길임을 인식한다. 그들은 자신보다 상대방이 성장하는 모습을 보며 만족감을 얻는다. 그들은 타인의 감정을 느끼는 뛰어난 감각을 가지고 있다.

하우스 핵심어에서 찾아보기

1. 질문자 : 좋은 인상이 다른 사람들을 편하게 하는 사람
2. 재물 : 안정적인 투자, 부동산 투자, 미래의 가정을 위한 투자
3. 의사소통 : 우리라는 표현을 통해 더욱 더 가깝게 만드는, 주위에 지인이 많은
4. 가정 : 안정적이고 모범적인 가정, 이상적인 가정, 정이 많은 가정
5. 연애 : 사랑의 아픔은 사랑을 통해 치유된다. 그리고 당신은 더욱 성숙해진다.
6. 건강 : 위장쪽 질환, 만성일 가능성 있음, 알러지, 약복용 주의
7. 파트너 : 따뜻한 가정을 만들어주는 사람
8. 유산 : 가정을 통해 삶을 성장시키는 기질
9. 배움 : 가풍과 관련된 교육(음악가 집안, 교육자 집안, 스포츠 집안 등)
10. 직업 : 가족 사업이 대기업이 될 수 있는
11. 모임 : 언제나 힘이 되어주는 친구와 모임
12. 전생 : 매우 가정이 행복한 가정을 꾸렸던 사람

♃/♌
나는 성장한다 / 스스로 자존심을 획득할 때

그럼 Jupiter가 리오에 있을 때는 어떨까?

Jupiter/리오인 사람들은 자신이 사람들 사이에 핵심적이고 중요한 역할이 되어 일을 추진할 때 삶의 확장과 성장을 경험한다. 그들은 창조적이고 넘치는 활동성으로 타인에게 자신의 재능을 인정받을 때 삶의 자신감이 생긴다. 그들이 경험한 강렬한 만족감은 인생을 드라마처럼 살고 싶게 만든다. 그래서 타인을 지배하려는 욕구를 가질 수도 있다.

하우스 핵심어에서 찾아보기

1. 질문자 : 강렬하고 멋진 모습, 시선을 사로잡는 매력
2. 재물 : 자신을 적당히 꾸미고 돋보이게 하는 것은 삶을 윤택하게 할 것이다.
3. 의사소통 : 적당히 당당하고 자신을 표현하는 것은 삶을 풍요롭게 한다.
4. 가정 : 개성과 프라이드가 높은 가정
5. 연애 : 드라마의 주인공들이 하는 사랑, 사랑을 통해 자신감을 회복하는
6. 건강 : 장기쪽 질환 가능, 비만, 혈액순환기계
7. 파트너 : 당당하고 멋진 애인을 통해 자존감이 생길 수 있는
8. 유산 : 창의성, 소비 습관, 유전적으로 돋보이는 외모
9. 배움 : 자신을 돋보이게 하는 학문, 끊임없이 자기 발전을 시키는
10. 직업 : 방송, 엔터테인먼트 분야, 교육 계통
11. 모임 : 사회적으로 성공한 사람들 모임, 성공한 친구
12. 전생 : 학자나 철학자로써 명성을 떨친 사람

⚃ / ♍
나는 성장한다 / 봉사와 헌신을 통해서

그럼 Jupiter가 버고에 있을 때는 어떨까?

Jupiter/버고인 사람들은 예의바르며 성실하고 자신의 경험을 통한 어떤 규칙성을 만들어 그것을 따를 때 자신의 성장을 느낀다. 물론 그들의 생각이 유연하고 다양하지는 않지만 자신이 일군 삶의 작은 규칙들은 매우 소중하게 생각한다. 그리고 그런 규칙들을 잘 유지해 나갈 때 자신의 삶이 잘 진행되고 있다고 느끼는 것이다. 그리고 그들은 경험을 통하여 타인이나 상황을 분석하고 비판한다. 때로는 억지스러운 면도 있지만 그들은 가벼운 판단은 잘 하지 않는다.

하우스 핵심어에서 찾아보기

1. 질문자 : 깔끔하고 단정한 외모, 예의 바른 이미지
2. 재물 : 계획성 있는 예금, 안정적인 투자, 자신이 노력한 만큼의 댓가
3. 의사소통 : 토론이나 논쟁을 통하여 자신의 틀을 부수고 성장하는 스타일
4. 가정 : 가정을 원만히 유지 시키는 소중한 규칙이 있는 가정
5. 연애 : 소란스런 주변을 정리하고 새롭게 시작하는 사랑
6. 건강 : 장기 질환 가능, 신경과민, 불안, 정신적 건강
7. 파트너 : 주변관리를 잘 하는 애인, 애인을 배우 시오. 주변정리 하시고…
8. 유산 : 깔끔하고 계획성 있고 성실한 성격으로 가문을 발전시키는
9. 배움 : 많은 제자를 성공시키는 멋진 지도자, 선생님, 멘토
10. 직업 : 진로를 잘 선택하게 도와주는 직업
11. 모임 : 현실적이고 적절한 조언을 해주는 친구들
12. 전생 : 법 제정관이나 행정이나 사법부의 일을 했었던 위인

♃/♎
나는 성장한다 / 문제를 조화롭게 풀어 갈 때

그럼 Jupiter가 리브라에 있을 때는 어떨까?

Jupiter/리브라인들은 사람들 간의 소통의 문제에서 자신이 해결사로서 역할을 할 때 성장하고 있음을 느낀다. 그들은 객관적으로 상황을 바라보며 어느 한쪽에 치우치지 않는 객관적인 시선으로 공정하게 문제를 해결한다. 그리고 자신이 필요한 존재로서 역할을 잘 수행했을 때 삶의 만족과 확장을 느끼는 것이다. 그들은 동업이나 파트너와의 1:1의 관계 형성을 잘한다. 상대의 입장에서 배려를 해주기 때문이다. 그들은 그것을 인정받을 때 비로소 발전하고 성장하고 있다고 생각한다.

하우스 핵심어에서 찾아보기

1 질문자 : 상대방을 배려해주는 행동이 더 많은 기회를 제공하는
2 재물 : 분산 투자로 수익을 창출하는 사람
3 의사소통 : 대화로 일을 풀어가며 타인을 통해 자신을 성장시키는 사람
4 가정 : 가정에서 공정함과 공평함을 배울 수 있는 가족
5 연애 : 서로의 성장을 도와주는 사랑
6 건강 : 신장쪽의 질환 가능, 스트레스, 감정적 혼란
7 파트너 : 애인의 성장을 도와주는 상대
8 유산 : 항상 공정하게 평가하는 성격을 물려받음
9 배움 : 공정성을 요하는 학문(경제, 사법대 등)
10 직업 : 공정성을 필요로 하는 직업
11 모임 : 매너 좋고 인격이 좋은 친구들
12 전생 : 유명한 중매쟁이

⑭/♏
나는 성장한다 / 집중하고 몰입하고 난 뒤

그럼 Jupiter가 스콜피오에 있을 때는 어떨까?

Jupiter/스콜피오인 사람들은 단순하게 겉으로 드러난 상황을 보고 결정내리지 않고 그 이면의 감추어진 진실을 찾아낼 때 자신이 성장하고 있음을 느낀다. 사람이든 일이든 자신의 열정을 자극할 때 강렬한 흥미를 느낀다. 다른 사람들이 범접할 수 없는 깊이로 연구해 나간다. 뛰어난 비평가이다. 분석은 버고의 분석과 전혀 다른 타입으로 스콜피오의 비판은 매우 광범위하고 자료이외의 직관과 추리를 통해 상대에게 상처를 줄 수 있을 만큼 날카롭게 말한다. 마치 어려운 문제를 풀고 난 뒤에 성취감을 얻는 것처럼.

하우스 핵심어에서 찾아보기

1 질문자 : 신중한 인상으로 신뢰를 줌
2 재물 : 보험이나 금융상품을 잘 선택하는 사람
3 의사소통 : 신중한 대화로 상대방에게 도움을 주는 사람, 누구나 신뢰하는 사람
4 가정 : 가정사를 통해 더욱 가족애가 두터워 지는 가정
5 연애 : 사랑의 증명을 통해 서로의 감정이 더욱 깊어지는
6 건강 : 생식기 관련 질환 가능, 성적인 질병, 모욕과 상처에 민감
7 파트너 : 사려 깊고 신중한 애인
8 유산 : 예술적이고 깊이 있는 통찰력을 물려받음, 본능적으로 진실을 알 수 있는
9 배움 : 관심분야에서는 학문 최고의 경지에 오르는
10 직업 : 전문 분야의 권위자
11 모임 : 정말 진실한 몇몇의 사람들
12 전생 : 세상을 미모로 호령했던 여인

↗ / ♐
나는 성장한다 / 여행과 사색을 통해서

그럼 Jupiter가 쎄저테리어스에 있을 때는 어떨까?

　Jupiter/쎄저테리어스인 사람들은 자신의 이상과 꿈을 좇아 가보지 않은 길을 갈 때 성장할 수 있다. 그들은 타고난 낙천성과 자연을 느끼는 행위들을 통해서 인간의 내면세계를 이해하고 종교와 철학에 관심을 갖는다. 그러한 활동을 통해 그들은 자신이 성장하고 있다고 느낀다. 그들은 현실생활의 안정보다는 정신적으로 깊어질 수 있는 학문을 배우고자 한다. 그들은 더욱 넓은 우주의 이치를 알고자 하며 자신이 깨달음을 얻었을 때 삶이 확장되고 잘 살아가고 있다고 느낀다.

　하우스 핵심어에서 찾아보기
1 질문자 : 낯설고 새로운 경험을 통해 성장하는 사람
2 재물 : 여행을 통한 삶의 성장이 곧 재산
3 의사소통 : 환상적이고 철학적인 이야기를 주로 하는
4 가정 : 새로운 경험을 가족과 많이 하는, 밝고 긍정적이고 여행을 많이 다니는 가정
5 연애, 자녀 : 장거리 연애, 낯선 환경 속에 생기는 연애 감정
6 건강 : 고관절과 대퇴부쪽 질환, 류머티즘, 골절, 좌골 신경통
7 파트너 : 여행을 좋아하는 애인, 고민하지 말고 함께 다니시오!
8 유산 : 학자 집안, 항상 배우고자하는 열정, 자연주의자, 여행가 기질
9 배움 : 철학적 학문, 자연과 함께하는 교육, 탐험적인 학문, 이국적이고 낯선 학문
10 직업 : 프리랜서, 사진작가, 돌아다니며 할 수 있는 전문직, 출장이 많은 직업
11 모임 : 정신적으로 편안한 모임, 산악회, 사진 동호회, 다국적 친구들
12 전생 : 훌륭한 훈장이나 스승으로 사람들에게 가르침을 주는 사람

♃ / ♑
나는 성장한다 / 조화로운 조직생활을 통해서

그럼 Jupiter가 케프리컨에 있을 때는 어떨까?

    Jupiter/케프리컨인 사람들은 고진감래를 통해 자신이 성장하고 있음을 느낀다. 그들은 현재를 참고 견디면 미래에 보상이 따를 것이라는 믿음을 가지고 있다. 그들은 잠자리에 들 때 피곤함이 만족감에 비례한다. 이것은 매우 건전한 사고방식임에는 틀림이 없다. 하지만 주변사람들까지 그것을 강요해서는 안 된다. 그것은 케프리컨만의 성장의 방식이기 때문이다. 그들은 인내심과 책임감이 강하기 때문에 최고의 자리에 오를 수 있다. 그리고 맡은 바 소임을 다할 때 그들은 삶이 성장하고 발전한다고 느낀다.

하우스 핵심어에서 찾아보기

1 질문자 : 예의바르며 절도 있는 태도, 단정한 옷차림
2 재물 : 재물보다는 명예를 중시하는 사람!
3 의사소통 : 말을 조리 있게 잘하는, 사람들이 신뢰하고 잘 따르는 사람
4 가정 : 가정교육이 매우 엄격한 집안, 아버지의 권위가 강하고 예의를 중시하는 가정
5 연애 : 상대방의 명예를 존중하는 사랑, 따뜻한 맘이 묻어있는 전통적인연애
6 건강 : 무릎이나 다리쪽 질환 가능, 우울증, 신경통, 관절염, 과로
7 파트너 : 참을성 있고 인내하는 배우자, 함께 어려움을 이겨내는 애인
8 유산 : 인내와 참을성
9 배움 : 사회복지계열, 간호학, 노인관련 교육, 군대식 교육법
10 직업 : 군대의 교육관련 지위, 회사의 유명강사 등
11 모임 : 사회복지계열의 모임
12 전생 : 군대의 장군으로써 비밀스런 업무를 많이 감수해야하는 사람

⚴/♒
나는 성장한다 / 개혁과 개척을 통한 변화로

그럼 Jupiter가 어쿼리어스에 있을 때는 어떨까?

Jupiter/어쿼리어스인 사람들은 독창적인 실험 정신을 통해 얻은 지식을 인류에게 보편화시켜 보급할 때 자신이 성장하고 있음을 느낀다. 그들은 지적이고 전문성이 깊어갈수록 삶의 만족감을 느끼고 자신이 성장하고 있다고 생각한다. 늘 자신의 관심분야에 귀가 열려 있으며 언제든지 배우려는 열의가 가득하다. 또한 보수적인 것을 실용적으로 개혁할 때 자신의 삶이 확장되어 감을 느낀다. 독창적이고 실험적이며 매우 독립적이다. 그래서 타인의 눈을 의식하지 않고 실용적으로 일을 처리하는 것이다. 그리고 그렇게 만들었을 때 그들은 자신이 성장하고 있음을 인식한다.

하우스 핵심어에서 찾아보기

1 질문자 : 전문 분야에 몰두해 있는 모습, 개성 있고 독립적인, 유쾌한 인상
2 재물 : 자신의 취미생활에 많은 금전을 소비하는, 소장가치 있는 물건을 많이 소유한
3 의사소통 : 전문분야의 조언을 주로 많이 해주는 사람
4 가정 : 독립적인 현대식 소가족 형태, 편모나 편부 가정, 형제간의 유학가정 등
5 연애 : 서로의 성장을 돕는 연애
6 건강 : 발목주위 질환 가능, 저혈압, 빈혈, 신장질환
7 파트너 : 자신의 일을 사랑하는 애인
8 유산 : 독창적이고 실용적인 감각
9 배움 : 새로운 것을 만들어 보편화 시킬 수 있는 학문
10 직업 : 새롭게 개혁하여 삶을 이롭게 만드는 직업
11 모임 : 전문성이 가미된 동호회 집단, 친구들
12 전생 : 에디슨 같은 과학자, 인류에게 도움을 주는 물건을 발명하는 사람

♃/♓
나는 성장한다 / 아픔을 딛고 일어설 때

그럼 Jupiter가 파이시즈에 있을 때는 어떨까?

　Jupiter/파이시즈인 사람들은 자신의 신념과 영적인 믿음에 따라 고통받는 사람을 돌보고 그들이 성장해나가는 모습을 보며 삶을 확장시키며 성장한다. 눈으로 보이지 않는 세계에 대한 믿음이 있으며 타인의 감정을 잘 이해하는 능력이 있다. 하지만 비판적 능력이 별로 없기 때문에 모든 것을 받아들이려 하는 실수를 한다. 하지만 그런 실수를 통해 자존감을 잃기도 하며 그 또한 경험이 되어 연약하고 상처 입은 이들은 이해하고 도우며 다시 자신의 자존감을 바로 세우는 것이다. 그들은 타인의 상처를 어루만지고 돕는 역할을 하며 잘 살고 있다는 만족감과 믿음을 얻는다.

하우스 핵심어에서 찾아보기

1 질문자 : 순수하고 차별 없이 대하는 태도가 좋은
2 재물 : 노력해서 만들어 낸 재산이 아닌 가끔 우연히 행운이 따르는 재물
3 의사소통 : 사람들이 누구나 좋아하는 사람
4 가정 : 영적인 가족, 애정과 보이지 않는 믿음이 어우러진 가정
5 연애 : 서로의 상처를 공유하며 싹튼 사랑, 동정심이 많은 자녀
6 건강 : 발 관련 질환 가능, 중독성, 면역기능 약화, 거식이나 폭식증
7 파트너 : 동정심이 많고 다양한 사람들과 모두 친한 배우자
8 유산 : 자연과 우주의 기운을 잘 느끼는 감각
9 배움 : 다양한 학문을 배워 스스로 성장하는
10 직업 : 영혼의 치료사, 진정한 심리학자, 마음을 치료해주는 선생님 등
11 모임 : 힘들고 어려울 때 만난 다양한 친구들
12 전생 : 위대한 종교인, 많은 사람들에게 정신적이고 영적인 용기를 주는 사람

SATURN

♄/♈
나는 이겨낼 것이다 / 새롭고 도전적인 삶을

그럼 saturn이 에리즈에 있을 때는 어떨까?

  saturn이 에리즈에 있는 사람은 자신의 주장을 강력하게 내세우고 적극적으로 행동해 옮기는 것에 있어서 어려움을 초래한다. 그들은 삶을 살아오며 그 부분에 관해 실패와 아픔을 겪어 왔을 것이다.

하우스 핵심어에서 찾아보기

1 질문자 : 처음이라 낯설고 힘들어하지만 잘 견딜 수 있는 사람
2 재물 : 새로운 도전으로 인해 금전적인 손해를 입은
3 의사소통 : 직선적인 말로인해 타인에게 상처를 주는 사람, 이해하려는 마음을 갖자.
4 가정 : 새로운 형태의 가정을 힘들어하는, 온 가족이 더욱 노력이 필요한 가정
5 연애 : 서툰 연애로 서로 힘들게 하는, 서로의 진실함으로 극복할 수 있다.
6 건강 : 두통, 머리 쪽 질환 가능, 사고나 부상 주의
7 파트너 : 자신과 반대적 성향, 차라리 헤어져 있어보라!
8 유산 : 재산 탕진의 기미가 보인다. 정신 차리도록!
9 배움 : 새로운 것만 찾지 마라! 구관이 명관일수 있다.
10 직업 : 한 직장에 오래있지 못하는 사람, 인내심을 가져라! 인내와 계획성을 길러라!
11 모임 : 너무 개성이 강한 친구들, 다툴 때가 있으면 화해 할 때도 있다!
12 전생 : 열등감이 많았던 사람, 외모에 집착이 강했던 사람, 현세에서는 자신감을 갖 도록 하라.

♄ / ♉
나는 이겨낼 것이다 / 물질적인 소유욕을

그럼 saturn이 토러스에 있을 때는 어떨까?

saturn이 토러스에 있는 사람은 물질적이고 감각적인 자신의 욕구를 충족하기 위한 행동 때문에 어려움을 초래한다. 그들은 삶의 안정을 우선시하는 싸인이므로 그것이 흔들리게 되는 것을 가장 두려워한다.

하우스 핵심어에서 찾아보기

1 질문자 : 경제적으로 힘들어 보이는 인상, 긍정적인 마인드가 필요하다.
2 재물 : 물질적 기반이 어려운 사람, 돈을 벌어야 극복할 수 있다. 성실함이 필요하다.
3 의사소통 : 구체적인 표현을 하도록 노력하라!
4 가정 : 가족이 힘을 합쳐 아끼고 절약하는 가정으로 바뀌어야 한다.
5 연애 : 경재력 없는 사람에게 끌리기 쉽다. 실체를 똑바로 바라보라!
6 건강 : 얼굴에 관련된 질환 가능, 몸의 통증, 비만등
7 파트너 : 금전 관리가 어려운 애인, 사랑한다면 경제관념을 가르쳐라!
8 유산 : 물려받지 않아도 됨, 빚을 상속 받을 수 있음.
9 배움 : 긍정적인 경제 개념 필요
10 직업 : 안정적인 관리 유지가 지속적으로 필요한 일
11 모임 : 경제적으로 불안한 친구들
12 전생 : 금전적인 낭비와 사치로 한 평생을 보낸 사람

♄ / ♊
나는 이겨낼 것이다 / 다양한 소통의 어려움을

그럼 saturn이 제머나이에 있을 때는 어떨까?

  saturn이 제머나이에 있는 다양한 정보를 수집하고 다른 이들에게 정보를 전달함으로써 삶의 성숙을 인지한다. 그들은 호기심이 많고 다양한 분야에 관심이 많아 한 가지에 집중해서 전문성을 갖는 것이 쉽지는 않다. 하지만 유행에 민감한 분야에서 정보를 전달하는 일은 그들에게 적합한 일이다. 그들은 어떠한 전문적인 일에 에너지를 집중 할수만 있다면 성공적인 삶을 살게 될 것이다.

하우스 핵심어에서 찾아보기

1. 질문자 : 자신의 이야기만 하는 지루한 인상
2. 재물 : 거짓 정보로 투자에 실패할 수 있는
3. 의사소통 : 자기중심적인 대화로 소통이 어려운 사람
4. 가정 : 대화가 없는 가정, 잔소리가 많거나 불평불만이 많은 가정
5. 연애 : 서로 자기주장만 하여 소통이 없는 상황, 잠시 이별 중
6. 건강 : 목과 관련된 질병이 있을 가능성이 있다. 건강한 편이다. 신경 예민
7. 파트너 : 애인과 대화가 안 통함, 헤어지는 중 일수도…
8. 유산 : 과거를 잊는 편이 더 낫다.
9. 배움 : 외국어에 재능이 없는, 공부나 정보에 관심이 없는
10. 직업 : 서로 소통하지 않고 할수 있는 일
11. 모임 : 어두운 구석이 많은 친구들
12. 전생 : 어둡고 갑갑한 곳에서 친구 없이 한평생을 보낸 사람

♄/♋
나는 이겨낼 것이다 / 가정적인 어려움을

그럼 saturn이 캔서에 있을 때는 어떨까?

saturn이 캔서에 있다면 어려서부터 가정생활에 많은 사건과 아픔이 있었다는 것을 알 수 있다. 그들은 그러한 경험을 통해 성격적인 문제를 가질 수 있다. 그리고 가정생활에 대한 집착이나 반대로 가정을 꾸미고 싶어 하지 않는 극단적인 형태로 나타날 수도 있다. 여성일 경우 가사를 어떻게 생각하는지 물어보면 쉽게 알 것이다.

하우스 핵심어에서 찾아보기

1 질문자 : 패쇄적이라 함께 하기 어렵다는 인상을 심어줌.
2 재물 : 가족들이 돈을 다써버리는 경향, 정신 차리시오! 정신 차렸으면 다행이고…
3 의사소통 : 가족 간에 사이가 좋지 않음
4 가정 : 불화가 심함, 서로 이해하고 배려심을 기르시오.
5 연애 : 너무 집착하면 사랑은 식는다. 사랑은 편하게 해주는 것
6 건강 : 위장쪽 질환, 만성일 가능성 있음, 알러지, 약복용 주의
7 파트너 : 구속하고 집착하는 애인, 부담스러운 감정
8 유산 : 재산 분쟁 가능함
9 배움 : 가풍과 관련된 교육(자신은 싫지만 해야 하는)
10 직업 : 가족 사업, 식구들과 하는 일(마땅히 할 일이 없어서)
11 모임 : 나와 전혀 다른 친구들
12 전생 : 가정을 버리고 떠돌아다닌 바람둥이

♄/♌
나는 이겨낼 것이다 / 인정받고 주목받는 어려움을

saturn이 리오에 있을 때는 어떨까?

리오적인 과시적이고 창조적인 성격을 어떻게 사람들 사이에서 조화롭게 풀어 낼 수 있는가의 문제이다. 그들이 적당히 조율해 내는 방법을 배운다면 이 카드의 긍정적인 의미는 강해지는 것이다.

하우스 핵심어에서 찾아보기

1 질문자 : 과시적이고 잘난 척 하는 모습
2 재물 : 사치와 낭비로 인해 빚지는, 정신 차리시오!
3 의사소통 : 스스로를 높게 평가하는 말투, 좀 거만하게 이야기하는
4 가정 : 잘난 척이 심한 가정, 보이는 것이 중요한 가정
5 연애 : 타인에게 보이기 위한 연애인지 진실한 사랑인지 구분하시오!
6 건강 : 장기쪽 질환 가능, 비만, 혈액순환기계
7 파트너 : 사치스럽고 낭비벽이 있는 애인
8 유산 : 창의성, 소비 습관, 유전적인 외모
9 배움 : 자신을 돋보이게 하는 학문을 하고 싶지만 환경이 어려운 (경제력이 부족한)
10 직업 : 당신이 노력한다면 바닥부터 최고의 자리까지 갈 수 있다.
11 모임 : 사회적으로 실패한 사람들
12 전생 : 너무 슬프고 가슴 아픈 사랑, 감정적으로 상처를 많이 받은

♄ / ♍
나는 이겨낼 것이다 / 자신만의 틀을

그럼 saturn이 버고에 있을 때는 어떨까?

    saturn이 버고에 있는 사람은 자유로움과 성실한 규칙성 사이에 조율을 해야만 한다. 그들은 완벽성을 추구한 나머지 편집증적인 증세를 보일 수도 있다. 혹은 어떤 규칙성 있는 패턴이나 스타일을 매우 거부할 수 있다.

하우스 핵심어에서 찾아보기

1 질문자 : 깔끔하고 단정하게 다듬을 필요가 있는 사람
2 재물 : 계획성 있는 예금, 안정적인 투자를 하시오!
3 의사소통 : 자신의 생각을 너무 주장하지 말고 주위사람의 말을 경청하시오!
4 가정 : 가정 내에 지켜야할 룰을 만드시오! 항상 적당한 규칙은 필요합니다.
5 연애 : 상대방도 배려하는 사랑을 하시오!
6 건강 : 장기 질환 가능, 신경과민, 불안, 정신적 건강
7 파트너 : 깔끔하지 못하고 자신의 역할을 잘 하지 못하는 애인
8 유산 : 재산 분쟁 가능성 있음
9 배움 : 적성 검사부터하고 결정하시오. 자신을 알고 삽시다.
10 직업 : 성실함이 부족하여 자꾸 이직하는 경향
11 모임 : 자신과 비슷한 친구들
12 전생 : 무질서하고 함부로 게으르게 산 인생

♄/♎
나는 이겨낼 것이다 / 우유부단함을

그럼 saturn이 리브라에 있을 때는 어떨까?

saturn이 리브라에 있는 사람은 인간관계를 가장 중요시 하는 싸인이다. 그래서 상대방 부탁에 거절을 잘 하지 못하는 성향을 보인다. 누구와도 잘 지내야 한다는 강박증 같은 생각을 하기 때문이다. 사람 사이에 살아도 혼자일 수 있다. 항상 모든 시간을 24시간 사람들 속에 어울리며 살지는 않는다. 언제나 우리는 독립적인 상태에서 상대방과 수평적인 관계로 만나고 함께 살아가는 것이다. 물론 현실은 이와 다르다 하더라도 말이다.

하우스 핵심어에서 찾아보기

1 질문자 : 우유부단해서 결정내리지 못하는 사람
2 재물 : 현재 돈 버는 타이밍을 놓쳐버린
3 의사소통 : 항상 말끝을 흐리는, 자신의 의사를 정확히 표현하지 않는
4 가정 : 편애가 심한 가정
5 연애 : 계속 사귈지 헤어질지 고민하는 연애
6 건강 : 신장쪽의 질환 가능, 스트레스, 감정적 혼란
7 파트너 : 우유부단한 애인 서로 힘들어 하는
8 유산 : 결정력이 부족한 성향
9 배움 : 현실 도피적인 교육
10 직업 : 마음에 안 드는 직업, 그냥 다니는 직장
11 모임 : 가벼운 친구들
12 전생 : 집착이 강한애인에게 스토킹당하고 집착으로 너무 힘들었던 사람

♄ / ♏
나는 이겨낼 것이다 / 집착과 감정적인 상처를

saturn이 스콜피오일 때는 어떨까?

스콜피오적인 겉으로 드러나지 않은 깊은 열정과 통찰력 그리고 집착적인 감정 조절을 어떻게 하는가가 관건이다. 하나의 문제에 몰두하면 그들은 인생을 걸고 그 길을 갈 만큼 집중력이 매우 강한 싸인이다. 특히 애정 문제에 있어서 그들의 성격은 보통의 애정관계를 만들지 못했을 것이다.

하우스 핵심어에서 찾아보기

1 질문자 : 눈빛이 날카롭고 무섭게 느껴지는 사람
2 재물 : 신중하지 못하여 금전적인 손해를 보는
3 의사소통 : 사람들이 어울리기 싫어하는 분위기
4 가정 : 가정사에 슬픔이나 사건이 많음
5 연애 : 현재에 충실해야함, 사랑이 떠날 수도 있음
6 건강 : 생식기 관련 질환 가능, 성적인 질병, 모욕과 상처에 민감
7 파트너 : 너무 속보이는 애인
8 유산 : 유산 기대하지 마세요!
9 배움 : 삶과 죽음에 관련된 학문
10 직업 : 자신이 싫어하는 분야의 직업
11 모임 : 적은 친구와 모임
12 전생 : 엄청난 사기꾼, 양심과 욕심사이에 한평생을 고민하며 산 사람

♄ / ♐
나는 이겨낼 것이다 / 현실도피 하는 것을

saturn이 세저테이러스일 때는 어떨까?

그들은 자신의 이상향을 향해 나아갈 때 삶을 만족하는 싸인이다. 하지만 현실에 적응하지 않고 너무 이상만을 좇다보면 현실적인 문제로부터 도망치려 하게 될 수도 있다. 그것은 너무나 무책임하다. 특히 책임져야할 상황에서 그런 것들을 도피하려 한다면 그것은 매우 잘못된 형태이다.

하우스 핵심어에서 찾아보기

1 질문자 : 자신이 상대방 위에 있다고 느끼게 하는 말투
2 재물 : 낯선 것에 배타적인 잘 받아들이지 않아 손해를 보는
3 의사소통 : 낯설고 모르는 사람 대화를 어려워하는
4 가정 : 집 밖을 싫어하는 패쇄적인 가정
5 연애 : 답답하고 패쇄적인 연애, 이것은 헤어지는 지름길.
6 건강 : 고관절과 대퇴부쪽 질환, 류머티즘, 골절, 좌골 신경통
7 파트너 : 잘난 척한다고 느껴지는 사람
8 유산 : 강박증이나 폐쇄적인 성향
9 배움 : 공부를 별로 좋아하지 않는
10 직업 : 안정적인 단순한 일
11 모임 : 오랫동안 알아온 친구
12 전생 : 집 없이 떠돌이로 불행하게 살았던 사람

♄ / ♑
나는 이겨낼 것이다 / 권력과 지배욕을

saturn이 케프리컨일 때는 어떨까?

케프리컨은 자신이 모든 상황을 조종하고 통제함으로써 자신이 만족감을 얻는다. 그들은 권력이 자신을 보호해주리라 믿는 경향이 있다. 그래서 권력을 잡고 유지하기위해 사람들을 조직화하고 통제하려는 것이다. 그러한 통제적인 상황에서 문제는 발생한다.

하우스 핵심어에서 찾아보기

1. 질문자 : 너무 절도 있는 태도가 부담스러운 사람
2. 재물 : 재물로 권력을 사려하는 사람!
3. 의사소통 : 지시하는 듯 한 어조 때문에 사람들이 꺼려하는
4. 가정 : 가정교육이 잘 이루어지지 않은 가정, 예의를 배워야하는
5. 연애 : 상대방을 무시하는 사람, 얼른 헤어지세요!
6. 건강 : 무릎이나 다리쪽 질환 가능, 우울증, 신경통, 관절염, 과로
7. 파트너 : 참을성과 인내심이 없는 상대
8. 유산 : 인내와 참을성을 배워야함.
9. 배움 : 심리학, 종교학 등 자신을 다스리는 교육 필요
10. 직업 : 혼자 하는 일, 1인 기업 등
11. 모임 : 목적이 있는 모임, 모임의 수가 적은
12. 전생 : 엄격한 수도원에서 강제로 규칙적인 삶을 살아야했던 사람

♄ / ♒
나는 이겨낼 것이다 / 개인주의적이고 급진적임을

saturn이 어퀘어리스일 때는 어떨까?

그들은 매우 독특하고 개혁적인 싸인이다. 때로는 너무나 독창적이어서 보수적인 사람들에게 비난 받기도 한다. 또한 그들은 타인이 사생활에 관심을 갖는 것을 무척 싫어한다. 그들은 자신의 독립적인 생활을 원하며 전문적이 지식을 공유하며 실생활에 보편화시키는 것을 원한다.

하우스 핵심어에서 찾아보기

1 질문자 : 부당한 것을 개혁하는 혁신적인 사람
2 재물 : 현재 동업이라면 독립을 권하고 현재 혼자 일한다면 동업을 권함
3 의사소통 : 적당한 일상적 대화가 필요함
4 가정 : 독립하고 있다면 가정으로 들어가고 가정에서 스트레스 받는다면 독립하라.
5 연애 : 배려심 없는 애정은 끝난 것. 일방적인 사랑은 없다.
6 건강 : 발목주위 질환 가능, 저혈압, 빈혈, 신장질환
7 파트너 : 독립적인 생활이 필요한 상대
8 유산 : 독창적이고 실용적인 감각이 필요
9 배움 : 새롭게 전반적인 삶을 개혁할 수 있는 교육
10 직업 : 직업적이 변화나 개혁이 필요해요!
11 모임 : 보통 평범한 친구들
12 전생 : 보수적이고 엄격한 가문에서 불행한 삶을 살았던 사람

♄ / ♓
나는 이겨낼 것이다 / 배신의 아픔을 딛고

saturn이 파이시즈일 때는 어떨까?

파이시즈는 환상과 공상사이에 빠져 지내는 경우가 많다. 그래서 애정적인 면에서 상대를 자신의 관점으로 바라보는 실수를 종종 저지른다. 그들은 자신의 삶을 계획적으로 사는 것에 큰 부담감을 느낀다. 그리고 어떤 것에 책임지는 것도 매우 힘들어 한다. 그들은 감정적인 실수를 많이 하고 쉽게 속임을 당한다.

하우스 핵심어에서 찾아보기

1 질문자 : 과학적이지 않고 증명이 안된 것은 믿지 않으려 하는
2 재물 : 보통 일한 만큼 생기는 금전
3 의사소통 : 어떠한 말도 다 받아주지만 이해에는 한계가 있는 사람
4 가정 : 영적인 문제로 상처가 있는 가정
5 연애 : 쉽게 상대를 믿지 못하는 연애, 깊어지기 어려운 사랑
6 긴강 : 발 관련 질환 가능, 중독성, 면역기능 약화, 거식이나 폭식증
7 파트너 : 동정심이 많으나 계산이 앞서는 상대
8 유산 : 자연과 우주의 기운을 믿으려 하지 않는
9 배움 : 다양한 학문을 배워 스스로 어느 위치까지 올라가 있다고 착각할 수 있는
10 직업 : 평범한 직장을 선호하는 사람
11 모임 : 속을 다 보여주지 않는 친구들
12 전생 : 영적인 무서운 사건을 많이 경험한 기억을 가진 사람

후 기

　육임(六壬)에서는 천시(天時), 지리(地理), 인화(人和)를 얻을 때 뜻이 이루어 진다 했다. 이 책을 쓰는 동안 치통으로 몸이 많이 아팠었다. 병원에 다녀 오면 난 바로 아픔이 사라지기를 기대 했지만 그 아픔은 계속 더해지기만 했다. 하지만 이를 치료하면서 아픔의 정점을 찍고 난 뒤 매우 천천히 그 고통은 사라져 갔다. 그리고 깨달았다. 아픔은 자연의 법칙대로 일정 기간 이 지나야 아픔이 치료된다는 것을…. 수업시간에 언제나 강조했었던 내 용은 자연과 함께하는 인간이었다. 하지만 막상 내가 아프고 보니 아픔도 차차 자연스럽게 사라지는 것임을 잊었던 것이다.

　'자연스럽다'는 말을 너무도 쉽게 내뱉지만 자연스러움이 뭘까? 감히 개인적인 생각을 이야기하자면 천시(天時) 즉, 하늘이 내게 영감을 주고 지 리(地理) 즉, 환경이 그렇게 만들어지며 인화(人和) 즉, 사람의 뜻이 통할 때 물 흐르듯이 진행되어 지는 것이라고 생각한다.

　최대한 쉬운 책을 쓰고 싶었다. 그저 공부하고 싶고 관심 있는 이들에 게 스스로 판단하고 자신의 길을 찾아 갈 수 있는 하나의 방법을 담고 싶 었을 뿐이다. 막연히 '언젠가 책을 내야 되겠다' 라고 생각했었고 아마 올 해 아니면 내년이 되지 않을까 생각했지만 정작 어떤 책을 누구와 함께 만 들지는 결코 알지 못했다.

　그리고 당그래 사장님을 만났다. 당그래 사장님은 벌써 몇 년 전에 한

번 뵌 적이 있다. 그때는 이렇게 함께 길 위에 있으리라 생각지 못했는데 이제 이렇게 나의 든든한 울타리가 되어주시니 감사할 뿐이다. 그리고 나의 동지들… 우연히 동물병원 원장님을 통해 알게 된 바다꼬마님, 이제 그녀는 당당히 최주영이라는 자신의 이름을 세상에 내어 놓는 어른이 되었다. 아니 아직 청소년인가? 하지만 나에게는 같은 길을 걸어갈 믿음직한 동지로 변해있다. 그리고 나의 멘토 최정윤 선생님, 앞으로 내가 어떻게 살아야 할 지를 몸소 보여주신 분, 역학이 가야할 길을 밝혀주신 나의 선생님, 그리고 스텔라 조현숙 언니, 내담자에서 학생으로 그리고 지금은 나의 언니로 힘이 되어준 사람, 나의 지식의 깊이를 더욱 깊게 만들어준 김영완 작은 아버지, 마녀놀이 식구들, 상대원 골목대장 진아 언니, 경란사의 커피한잔님, 아이파크님들… 너무나 많지만 마지막으로 주부로써 많이 모자란 나에게 많은 외조를 해준 유승아빠와 유승이에게 너무나 감사하고 고맙다는 말을 하고 싶다.

이 책은 분명 쓰일 때가 있을 것이다. 항상 마음을 채우는 한 가지는 진정 하늘의 뜻이라면 될 것이요 이 시대가 원하면 만들어진다는 것이다. 이 책은 나를 과시하기 위해 만들지 않았다. 역학자의 한사람으로써 바른 역학의 길을 세우는 작은 기둥이 되기를 원하는 마음으로 만들었다.

모든 것이 감사한 이 밤에 마자아줌마가

본문 정오표

● **24페이지 행성이란? 부분 13째 줄**

을 기능적으로 분류한 것이 행성이며, 이 행성들(☉ ☽ ☿ ♀ ♂ ♃ ♄)은 12싸인의 모습(☉ ☽ ☿ ♀ ♂ ♃ ♄)으로 기능이 표현되어진다. 그렇기 때문에 행성의 기능을 하나하나 아는 것이 중요하다.

　　이 부분을 ⬇ 정정합니다.

을 기능적으로 분류한 것이 행성이며, 이 행성들(☉ ☽ ☿ ♀ ♂ ♃ ♄)은 12싸인의 모습(♈ ♉ ♊ ♋ ♌ ♍ ♎ ♏ ♐ ♑ ♒ ♓)으로 기능이 표현되어진다. 그렇기 때문에 행성의 기능을 하나하나 아는 것이 중요하다.

● **35페이지 위에서 2째 줄, 3째 줄 8째줄 부호 정정**

배신한다거나 신뢰를 무너뜨리게 되면 깊은 상처로 인해 반발 심리로 파괴적인 복수심을 갖게 되는 것이다. ♌스콜피오는 속을 알 수 없는 깊은 눈빛은 가지고 있다. 대화할 때도 ♌스콜피오가 주로 경청하는 이유는 말 속에 있는 의도를 알아차리기 위한 신중함이 있기 때문이다. 그들의 행동이 느리게 느껴지는 이유 또한 그와 같다. 하지만 그들이 이렇게 즉각적인 반응을 하지 않는다해서 그들이 순수하지 않은 것은 아니다. 오히려 그들이 안심하고 신뢰하는 이들 앞에서는 한없이 순수한 어린아이가 되기 때문이다. ♌스콜피오는 신비하고 드러나지 않는 깊은 느낌을 추구한다.

　　이 부분을 ⬇ 정정합니다.

배신한다거나 신뢰를 무너뜨리게 되면 깊은 상처로 인해 반발 심리로 파괴적인 복수심을 갖게 되는 것이다. ♏스콜피오는 속을 알 수 없는 깊은 눈빛은 가지고 있다. 대화할 때도 ♏스콜피오가 주로 경청하는 이유는 말 속에 있는 의도를 알아치리기 위한 신중함이 있기 때문이다. 그들의 행동이 느리게 느껴지는 이유 또한 그와 같다. 하지만 그들이 이렇게 즉각적인 반응을 하지 않는다해서 그들이 순수하지 않은 것은 아니다. 오히려 그들이 안심하고 신뢰하는 이들 앞에서는 한없이 순수한 어린아이가 되기 때문이다. ♏스콜피오는 신비하고 드러나지 않는 깊은 느낌을 추구한다.